東南アジア史10講

古田元夫
Motoo Furuta

Eurus
Notus
Boreas

岩波新書
1883

目　次

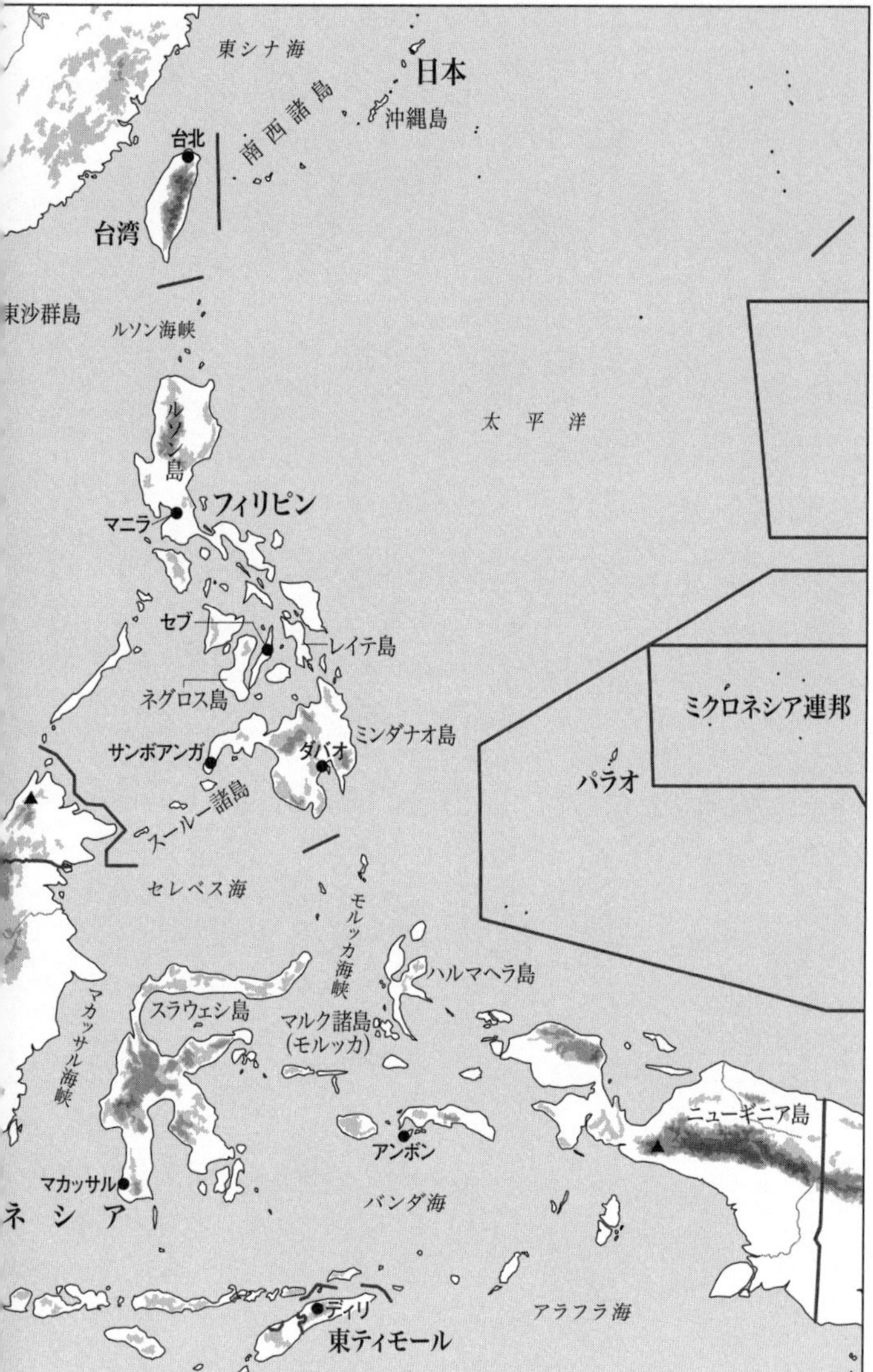
東シナ海
日本
南西諸島
沖縄島
台北
台湾
東沙群島
ルソン海峡
太平洋
ルソン島
フィリピン
マニラ
セブ
レイテ島
ネグロス島
ミクロネシア連邦
ミンダナオ島
サンボアンガ
ダバオ
パラオ
スールー諸島
セレベス海
モルッカ海峡
ハルマヘラ島
マカッサル海峡
スラウェシ島
マルク諸島
(モルッカ)
ニューギニア島
アンボン
マカッサル
バンダ海
ネシア
ディリ
アラフラ海
東ティモール
ティモール海

ネパール
ブータン
中華人民共和国
バングラデシュ
インド
ミャンマー
広州
香港
マンダレー
シャン高原
紅河
ハノイ
サルウィン川
ネーピードー
ラオス
タインホア
海南島
ベンガル湾
ヤンゴン
チェンマイ
ビエンチャン
タイ
フエ
西沙群島
インドシナ半島
ダナン
中沙群島
エーヤーワディー川
アユタヤ
チャンパサック
ベトナム
バンコク
カンボジア
アンダマン諸島
トンレサップ湖
南シナ海
チャオプラヤ川
プノンペン
ホーチミン市
アンダマン海
メコン川
南沙群島
マレー半島
ブルネイ
ペナン島
バンダアチェ
バンダルスリブガワン
マラッカ海峡
マレーシア
クアラルンプール
メダン
マラッカ
ジョホール
シンガポール
シンガポール
スマトラ島
ポンティアナク
ボルネオ島
(カリマンタン)
大スンダ列島
インド洋
パレンバン
バンジャルマシン
ジャワ海
ジャカルタ
バンドン
インド
スンダ海峡
ジャワ島
スラバヤ
ジョクジャカルタ
クディリ
0 250 500 750 1000km

図版出典一覧

第 1 講扉，第 8 講扉……著者提供
第 2 講扉，第 5 講扉……123RF
第 3 講扉……風間信秀／アフロ
第 4 講扉……Wikimedia commons
第 6 講扉……編集部撮影
第 7 講扉……根本敬・村嶋英治編著『写真記録 東南アジア 4　ビルマ・タイ』ほるぷ出版，1997 年，41 頁.
第 9 講扉……Getty Images
第 10 講扉……https://www.officialgazette.gov.ph

地図 1……『岩波講座東南アジア史』第 1 巻 271 頁(深見純生論文)の地図などをもとに作成.
地図 2……同第 2 巻 31 頁(桃木至朗論文)の地図をもとに作成.
地図 3……同第 2 巻 117 頁(深見純生論文)の地図をもとに作成.
地図 4……同第 3 巻 27 頁(家島彦一論文)の地図などをもとに作成.
地図 5……同第 2 巻 239 頁(石井米雄論文)の地図をもとに作成.

作図(巻頭地図，地図 1〜6)　前田茂実

第 *1* 講

青銅器文化と初期国家の形成

先史時代〜９世紀

東南アジア農業のシンボル，水牛(ベトナムのドンホー版画)

	東南アジア	世　界
前5世紀		インドで仏教成立
前4世紀頃	ドンソン文化広がる	
前202		漢帝国(～後220)
前111	漢の武帝，南越を滅ぼす	
後1世紀末？	扶南の建国	
192	林邑の建国	
3世紀頃	ヒンドゥー教成立	
320	グプタ朝(～550)	
589		隋の中国統一
7世紀前半		イスラム教成立
618		唐朝(～907)
679	唐，安南都護府設置	
7世紀後半	義浄，シュリーヴィジャヤ訪問	
8世紀中頃	ジャワでシャイレーンドラ台頭	
～9世紀前半	ボロブドゥール寺院建立	
802	カンボジア，アンコール朝成立	

一　東南アジア地域の特徴

1　東南アジアの広がり

東南アジアは、今日の国家でいえばミャンマー、タイ、カンボジア、ラオス、ベトナム、マレーシア、シンガポール、インドネシア、東ティモール、ブルネイ、フィリピンの一一カ国で構成される地域である。

このうち東ティモールを除く一〇カ国は、ASEAN（東南アジア諸国連合）の加盟国で、ASEANは、東南アジアとしてのまとまりを国際政治の舞台で誇示している。しかし、このASEANが東南アジア全域を包摂するようになるのは、一九九〇年代のことで、それまでの東南アジアは、まとまりを欠く地域だった。

東南アジアは、自然地理上は、大陸部（ミャンマー、タイ、カンボジア、ラオス、ベトナム）と島嶼部（マレーシア、シンガポール、インドネシア、東ティモール、ブルネイ、フィリピン）に区分される。大陸部には、ヒマラヤ山脈に連なる五筋の山脈が走り、その間を、エーヤーワディー川、サルウィン川、チャオプラヤ川、メコン川、紅河（ホン川）という大河が流れている。これらの大河は、豊かな平野をつくり、それを基盤とした国家を成立させるが、山脈を越えた統一的な国家は生まれにくかった。

いっぽう島嶼部は、マレー半島と大小無数の島々からなる。東南アジアの海は、インド洋と太平洋という二つの大洋を結ぶ世界の十字路として、古くから交易が栄えたが、多島海を横断するような統一国家もまた生まれにくかった。

前近代には、この地域に、シュリーヴィジャヤやアンコール朝など、今日の国家の枠を超えた広い地域に影響力を及ぼす帝国が出現したこともあったが、地理的条件にも規定されて、今日の東南アジアの全域に及ぶような政治権力は形成されなかった。欧米諸国による植民地支配も、ミャンマー、マレーシア、シンガポール、ブルネイがイギリス、ベトナム、カンボジア、ラオスがフランス、インドネシアがオランダ、東ティモールがポルトガル、フィリピンが当初はスペイン、その後は米国と、異なる宗主国による統治がなされた。

宗教的にも多様で、今日の国家の国民の多くが信仰している宗教で見ると、ミャンマー、タイ、カンボジア、ラオスが南方上座部仏教（出家して厳しい修行を積むことで悟りを開くとする）、ベトナムが大乗仏教（修行者だけでなく大衆も悟りへ導くべきとする）、シンガポールが大乗仏教と道教、マレーシアとインドネシアとブルネイがイスラム、フィリピンと東ティモールではカトリックが優勢である。

東南アジアの住民の多くは、人種的には南方系のモンゴロイドに属する人々であるが、言語的には多様で、マレー語、フィリピン語、インドネシア語などを含むオーストロネシア語族、ベトナム語、カンボジア語などを含むオーストロアジア語族、ビルマ語などのシナ・チベット語族、タイ語などのタイ・カダイ語族に属する人々が分布している。

2　東南アジアを結ぶもの

こうした「まとまりのない」東南アジアを結ぶ共通性とは何であろうか。一つは、稲作農業である。東南アジアで稲作が始まったのは、紀元前二千年紀と考えられているが、その後、米は、今日に至るまで東南アジアの食文化の基礎となっている。だが、現在の最大の米作地帯であるメコン川、チャオプラヤ川、エーヤーワディー川の下流のデルタ地帯が開発されるのは近代以降のことで、それまでの稲作の中心は、河川中流域の平原部や盆地だった。こうした稲作農業は、東南アジアにおける国家形成の一つの基盤となった。

東南アジアを結ぶもう一つの共通性は、海域に形成された洋の東西を結ぶ交易ネットワークである。この東西交易路に結びつく商業拠点になったのが、多くの場合、河川の河口に営まれた、「港《こう》市《し》」と呼ばれる港町だった。港市は、河川を通じて後背地の熱帯産物を集積し、海を利用した東西の交易に結びつけていた。ここに「港市国家」と呼ばれる交易に基盤を置く国家が形成されていく。

農業国家が港市の取り込みをはかったり、逆に港市国家が農業空間の支配に乗り出したりすることもあったので、両者を峻別することはできないが、東南アジア史では、この陸域に基盤を置く国家と、海域に基盤をもつ国家の盛衰が、そのダイナミズムを形成しているといってよいだろう。やや単純化すると、中国やインド、そしてのちにはイスラム世界やヨーロッパといった外部の大きな市場が繁栄すると、「海の東南アジア」＝交易国家が発展し、戦乱などで外部の大市場が停滞すると、「陸の東南アジア」＝農業国家が台頭する。こうしたプロセスが繰り返され、東南アジアの歴史を形づくっていった。また、農業と交易を支える稲作技術と船舶技術の進化は、東南アジア史に大きな影響をもった。

二　青銅器文化と初期国家

1　ドンソン文化とサーフィン文化

紀元前二千年紀には、現在のベトナム北部に、フングエン文化と呼ばれる新石器文化が出現し、前一五〇〇年頃には金属器をもつようになった。この基盤の上に、前五世紀頃に雲南から銅鼓《どうこ》を受け入れ、東南アジアを代表する青銅器文化であるドンソン文化が成立した。銅鼓は、中国南部からベトナム北部、さらにメコン川流域、マレー半島、ジャワ島などに広がっている。

このドンソン文化と同じ頃、現在のベトナム中部には、サーフィン文化と呼ばれる別の金属器文化が栄えていた。サーフィン文化は、甕《かめ》棺や玦《けつ》状耳飾りなどのユニークな装飾品で知られ、南シナ海をまたいでフィリピンなどにも広がる、オーストロネシア系の海洋民を担い手とする文化だった。

ドンソンの銅鼓は、河川、港湾、内陸道路などの交通の要衝にある有力者の墓から、多く出土している。このことは、二つの意味をもっている。一つは、銅鼓が、富と権力の象徴＝威信財であったと考えられ、それを使用した社会には、首長制が成立していたと思われるということである。今一つは、東南アジアは、すでにこの時期から交易のネットワークで結ばれていたということである。これを土台として、東南アジアの初期国家が展開していく。

2　初期国家形成に大きな影響を与えた外部世界の動向

東南アジアの初期国家の形成に大きな影響を与えた外部世界の動向としては、まず、東南アジアに隣接する中国とインドで、強力な王朝が形成されたことを指摘しておかなければならない。中国では、前二二一年の秦の始皇帝による統一に続き、前二〇二年から後二二〇年まで続く漢帝国（前漢、後漢）が出現した。特に漢は、前一一一年には武帝が南方に出兵し、今日の広州からベトナム北部を支配していた南越《なんえつ》を滅ぼし、ベトナム北部・中部に交趾《こうち》、九真《きゅうしん》、日南《にちなん》の三郡を置いた。ドンソン文化の担い手で、初期国家の形成途上にあった人々は、後四〇～四二年の徴《チュン》姉妹の反乱など、根強い抵抗を見せるが、やがて漢の支配に組み込まれていく。ベトナム北部の紅河デルタにおかれた交趾郡は、東南アジアのデルタとしては例外的に早期から稲作地として開発され、中国と南方を結ぶ交易路の要衝としても栄えた。

南方の九真郡と日南郡も、南シナ海交易の要衝だったと考えられており、漢帝国の出現によって活性化した南海交易の出先拠点として機能することになった。中国の資料には、一五九年と一六一年には「天竺国」(インド)からの使節が、一六六年には「大秦王安敦《たいしんおうあんとん》」(ローマ皇帝マルクス・アウレリウス・アントニヌス)の使者が、いずれも海路で日南郡に至り、漢に朝貢してきたとある。後漢が衰退する二世紀末には、日南郡が林邑《りんゆう》として、中国の支配から自立する。

後漢の滅亡以降、中国は魏晋南北朝時代という分裂の時代を迎える。これに終止符を打ったのは、隋による中国統一(五八九年)とそれに続く唐朝の成立(六一八~九〇七年)だった。隋唐帝国の成立は、東南アジアの交易の発展を促した。

いっぽう、インドでは、グプタ朝(三二〇~五五〇年)の成立が大きな意味をもった。グプタ朝は、インド古典文化を完成させた王朝として知られ、三世紀に宗教として成立したといわれるヒンドゥー教を国家の宗教とし、バラモンの言葉であるサンスクリット語を公用語とし、サンスクリット古典文化を各地に広め、南インドのインド化=サンスクリット化が進んだ。また、大乗仏教が、ヒンドゥー教の影響を受けて、秘密の教義と儀礼を師から弟子へと伝える密教として展開されるようになった。

東南アジアの「インド化」といわれる現象は、インド的な王権概念を基礎としたヒンドゥー教・大乗仏教の信仰、『ラーマーヤナ』『マハーバーラタ』というヒンドゥー叙事詩やプラーナ神話の受容、古典インド法典(ダルマシャーストラ)の遵守、サンスクリット語による表現などからなる文化複合を受け入れることだったが、こうした「インド化」は、ほぼ同時期にグプタ朝のもとで進展していた文化現象だった。つまり、インド亜大陸内部の「インド化」と、東南アジアの「インド化」は、同時並行的に進んだのである。

この東南アジアの海で、季節風を本格的に活用する航海が定着するのは、四世紀のことと考えられている。四一三年に海路インドから帰国した中国の僧法顕《ほっけん》の『仏国記《ぶっこくき》』は、東南アジアの海において季節風を利用した航海が行われたことを記録した、最初の資料である。こうした航海術の発展によって、外部世界が東南アジアに与える影響力も大きくなっていった。

3 扶 南

東南アジアにおける初期国家の形成には、以前はインド文明の到来が決定的な役割を果たしたと考えられてきた。今日のカンボジアからベトナム南部にかけてのメコン川下流域に一世紀頃に成立し(その存在が確認されるのは、三世紀の中国の三国時代の呉への朝貢)、七世紀頃まで、海洋ネットワークの中心として栄えた扶南《ふなん》という国がある。中国の史書に収められた扶南の建国神話によれば、扶南の人々は、もともと裸で暮らしており、柳葉《りゅうよう》という女王に率いられていた。ここに南の「辺外の国」から、「鬼神につかえる」混塡《こんてん》(カウンディヤ)がやってきて、柳葉を妻とし、衣服をもたらし、国を治めた、とある。以前は、この混塡を、インドからやってきた宗教者とみなし、インドの影響が扶南の建国と「文明化」をもたらしたという解釈がなされていた。

しかし、最近では、「辺外の国」がインドをさす確証はなく、扶南とインドの接触は四世紀に始まると考えられることから、この建国神話を「インド化」による建国の根拠とみなすべきではなく、扶南の国家形成は東南アジア独自の動きとして理解すべきだという議論が有力になっている。

今日のベトナム・カンボジアの国境地帯にあるオケオは、扶南の外港だったと考えられており、ローマの金貨、ヒンドゥーの神像、中国鏡、旭日・三叉槍銀貨などの出土品は、「海のシルクロード」を使っての東西交易と、東南アジアの域内交易とで、扶南が栄えたことを示している。また当時は、マラッカ海峡は交易のメインルートにはなっておらず、インドと中国の間の貿易は、マレー半島を陸路で横断する形で行われており、マレー半島の東岸にあるチャイヤーなどが中継点として栄えた。扶南は、こうした中継点も支配していたと考えられている。また、扶南を建国した人々は、従来はクメール系と考えられてきたが、最近ではオーストロネシア系の人々であったとする説も出されている。

この扶南を含めた東南アジアに、インド文明の影響が大きく及ぶようになるのは、四世紀以降のことで、五世紀に入ると南インド系の文字を使用したサンスクリット語の碑文が各地に建てられるようになる。これは、季節風を利用した東西交易が可能になったこととも結びついた動向だと考えられる。

交易活動の活性化、交易ルートの拡散によって、各地に生まれた港市国家の支配者は、内に支配者としての正統性を誇示すると同時に、外に対しては競争相手の港市との差異化をはかるため、競ってヒンドゥー教や大乗仏教などのインドの高文明を取り入れたと考えられている。ただこの「インド化」は、こうした支配階級を中心としたもので、カースト制度など、社会構造に及ぶようなものは受容されなかった。

4 林　邑

二世紀末には、日南郡として漢の支配のもとにあった今日のベトナム中部で、中国資料が林邑と呼ぶ国家が自立する。林邑は、領内の山地で沈香《じんこう》に代表される香料を産し、南シナ海とタイ湾を結ぶ交易で栄えた。サーフィン文化を基盤として成立したと思われ、オーストロネシア系のチャム人が建てた国家と考えられている。建国当初は中国文明の影響が強かったと思われるが、四世紀末以降は「インド化」が進行し、チャンパーと名乗るようになり、中国による呼称も、環王《かんおう》、占城《せんじょう》と変化していく。

三　古代国家群の展開

七世紀は、東南アジア史の転換点となった。中国で隋による南北統一が達成され、それに続く唐の発展により、巨大な中国市場が出現し、東西交易が活性化した。これはマラッカ海峡の利用を促進し、この海峡を支配することで、点としての港市国家ではなく、海上交易路に広く覇権を打ち立てたシュリーヴィジャヤが出現した。また、この時期にインドから新しい農法がもたらされ、乾燥した大陸部の平原地帯でも稲作が可能となり、カンボジア平原、東北タイ、チャオプラヤ川中流域、ビルマ平原での国家形成が進んだ。

1　シュリーヴィジャヤ

マラッカ海峡地域に六七〇年代に出現するのが、シュリーヴィジャヤで、中国資料では室利仏逝と記されている。マラッカ海峡が東西交易のメインルートとなったことは、マレー半島を陸路で横断する従来のルートが衰退したことを意味し、それに依拠していた扶南の衰退を招き、代わって台頭したのがシュリーヴィジャヤであった。ただし、この交易路の変化に対応して、扶南の勢力がそ

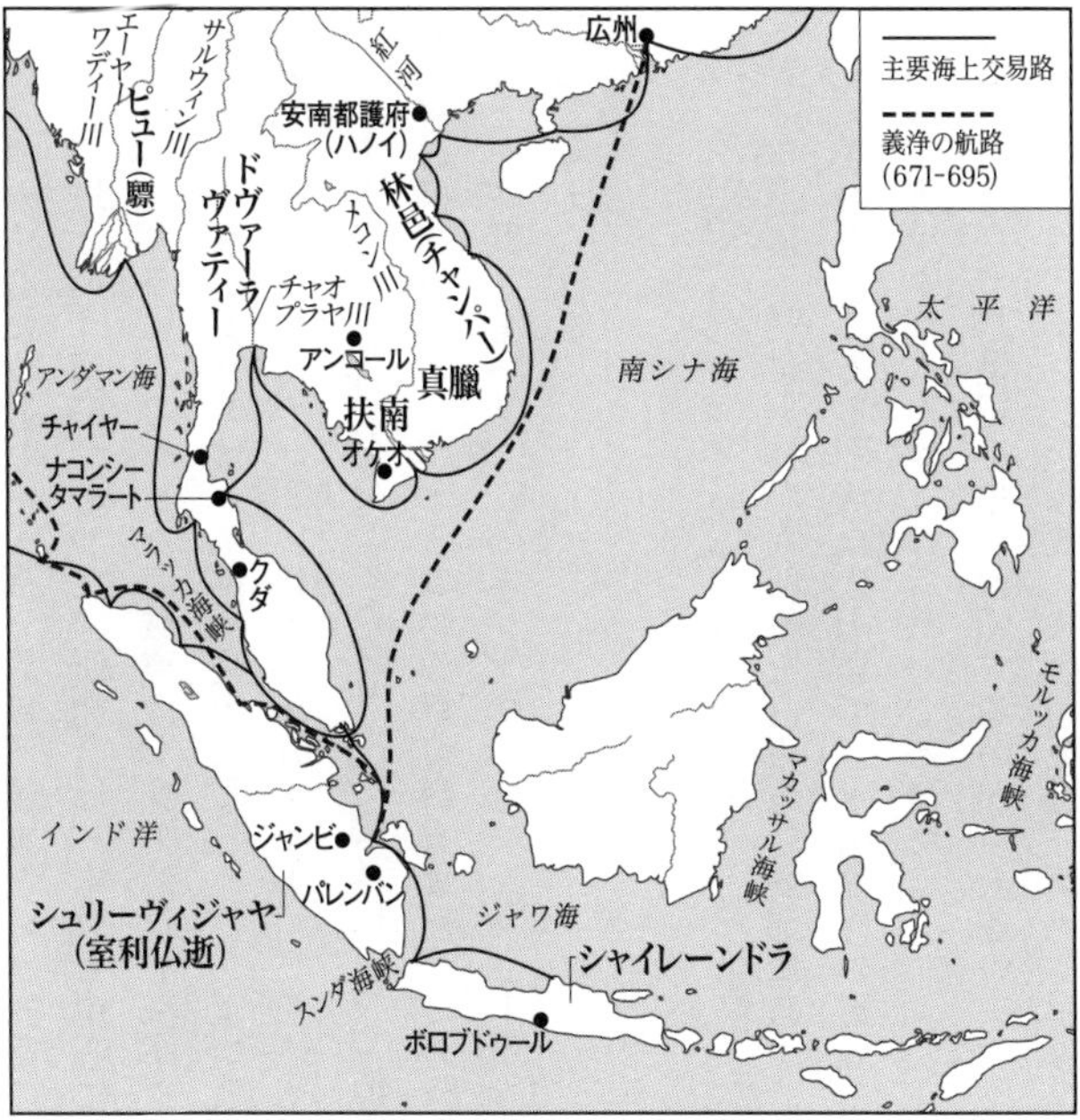

地図1　古代国家(7〜9世紀頃)

の故地からマラッカ海峡地域に拠点を移した可能性もある。シュリーヴィジャヤの担い手は、後のマレー人につながるオーストロネシア系の人々であったと考えられている。

七世紀にインドへ海路で往復した中国の僧義浄《ぎじょう》は、帰路六八七年に、シュリーヴィジャヤの都ムラユに着いた。このムラユは、今日のスマトラ島のパレンバンとみなす説が有力である。シュリーヴィジャヤは、ここと、マレー半島西岸のクダにも拠点を置き、マラッカ海峡の交易を支配した。

シュリーヴィジャヤの統治構造

は、王宮が中心に位置し、王都、周域、属国という四重の同心円構造をもっていた。属国にも王宮、王都、周域という構造があった。研究者は、本尊を中心に諸仏がその周辺に集まった仏教の世界観であるマンダラに、こうした海域東南アジアの政治秩序をなぞらえている。

シュリーヴィジャヤは、八世紀後半になると、ジャワ島が起源とされるシャイレーンドラ王家の支配下に入る。シャイレーンドラ王家がシュリーヴィジャヤの支配者にもなったことは、リゴール碑文(七七五年)と呼ばれるサンスクリット碑文によって伝えられている。また、チャンパーやカンボジアの碑文資料や、ベトナムの漢籍資料もまた、この時期に「ジャワ」の勢力が大陸部にも及んだことを記録している。この「ジャワ」は、シュリーヴィジャヤを支配したシャイレーンドラであったと考えられる。

2 シャイレーンドラとジャワ

ジャワ島は、熱帯雨林が大部分を占める島嶼部にあっては、例外的な、乾燥が厳しくないモンスーン気候のもとにある肥沃な火山島で、水田稲作の適地だった。中部ジャワの農業基盤を背景にしたのが、古マタラムと呼ばれる勢力であった。

このジャワで八世紀後半に台頭するのが、上述のシャイレーンドラ王家である。シャイレーンドラについては、インド起源説、扶南起源説、ジャワ起源説など、様々な議論がある。シャイレーンドラは、当時インド北部のベンガル地方で使用されていた初期のデーヴァナーガリー文字と大乗仏教をジャワにもたらした。シャイレーンドラは、八世紀後半から九世紀前半にかけて、ボロブドゥール寺院という巨大な大乗仏教寺院を建てている。その後シャイレーンドラはシュリーヴィジャヤを支配し、一時、島嶼部で、ジャワという農業基盤とマラッカ海峡の海上交易路の双方を支配下においたが、ジャワでは、九世紀半ばにはサンジャヤ王家の支配に吸収された。

3 真臘

クメール人による真臘《しんろう》は、六世紀に現在のラオスのチャンパサック地方におこった。その王パーヴァヴァルマン一世は、扶南王の孫とする説もある。七世紀はじめのイーシャーナヴァルマン一世の時代に、ほぼ現在のカンボジア全域をその支配下に置き、扶南を圧倒した。六五〇年頃即位したジャヤヴァルマン一世の治下で、その版図は、カンボジアからメコン・デルタにまで及んだ。当時の真臘は、各地に小王・属王がプラと呼ばれる城郭都市に割拠する分節的な社会であった。六八一年のジャヤヴァルマン一世の死後は地方勢力が台頭し、その後約二世紀にわたって、海岸部、メコン・デルタを中心とする水《すい》真臘と、カンボジア西北部、東北タイを中心とする陸《りく》真臘が対立する、分裂の時代が続いた。

4 ピュー

エーヤーワディー川流域には、一世紀頃から一〇世紀にかけて、ピュー(驃)と呼ばれる人々の勢力が栄えた。ピューは、各地に円形または楕円形の城郭都市遺跡を残しており、畑作、小規模灌漑稲作を基盤とした社会を形成し、インドから仏教とヒンドゥー教を受容していた。また、ピューの遺跡からは、域内で造られた銀貨が出土している。この銀貨は、国際交易に用いられていたと考えられ、当時のピューが交易にも深く関与していたことを示している。

5 ドヴァーラヴァティー

チャオプラヤ川流域と今日の東北タイには、六世紀後半から一一世紀はじめにかけて、モン人がドヴァーラヴァティーという国家を形成した。ドヴァーラヴァティーも、ピュー同様の楕円形の城郭都市遺跡を残しており、銀貨が出土して、交易との深い結びつきを示している。東北タイでは製塩、製鉄が行われ、域外にも輸出されていた。ドヴァーラヴァティーでも農耕は行われていたが、主要都市は、農業というよりは、海上ないし河川交易と深く結びついていた。ドヴァーラヴァティーは、独自の様式の仏像を残しており、上座部仏教の強い影響がうかがわれる。

第 *2* 講

中世国家の展開

10 世紀〜14 世紀

アンコール・ワット

	東南アジア	世　界
938	ベトナム，中国から自立	
960		宋朝(〜1279)
10 世紀後半〜11 世紀前半	三仏斉の繁栄	
1009	ベトナム，李朝成立	
1019	ジャワ，クディリ朝アイルランガ王即位	
1044	ビルマ，パガン朝アノーヤター王即位	
1113	カンボジア，スールヤヴァルマン 2 世即位，アンコール・ワット建設始まる	
1206		モンゴル帝国興る
1222	ジャワ，シンガサリ朝成立	
1225	ベトナム，陳朝成立	
1271		元朝(〜1368)
13 世紀後半	各地にモンゴル・元軍来襲	
1292	シャム，ラーマカムヘン王碑	
1293	ジャワ，マジャパヒト王国成立	
13 世紀末	スマトラのイスラム化始まる	
1351	シャム，アユタヤ朝成立	
1368		明朝(〜1644)
1400	ベトナム，胡朝成立	

一　東南アジアの中世を規定した要因

一〇～一一世紀以降、東南アジアには中世国家群が登場する。その背景には、いくつかの外部的要因があった。

西方では、七世紀にイスラムが成立すると、広大なイスラム帝国を背景に、インド洋でのムスリム商人の活動が活発化した。特に、八世紀のアッバース朝の成立以降、ムスリム商人の活動範囲はインド洋から南シナ海にまで及ぶようになり、一八〇トンあまりの貨物を積める大型のダウ船が遠洋航海で活躍するようになった。

いっぽう、中国では、唐の衰退による混乱期を経て、一〇世紀には宋が中国を統一した。「唐宋変革」という言葉があるように、この時代は中国史の大きな転換期で、貴族が没落して新興地主が台頭し、科挙官僚制による皇帝独裁体制が成立した。また農業生産力の向上を背景に、商工業も盛んになり、南海交易もいっそう発展した。中国のジャンク船が南海に進出するようになるのも、九～一〇世紀のことといわれている。積載量が二〇〇～三〇〇トンと大きいジャンク船の出現は、陶磁器交易を繁栄させた。唐代には、ダウ船が広州まで訪れ、南シナ海はダウ船の海だったが、一〇世紀以降は、中国からのジャンク船とムスリム商人のダウ船が、マレー半島の港で出会うようになり、ここが東西の出会い交易地として繁栄する。こうした東西にまたがる要因により、一〇世紀以降は交易活動が大きく発展することになった。

古代の東南アジアは、交易路の点や線を支配した外向型国家の歴史だったが、唐が衰退し南海交易が一時的に後退した九～一〇世紀には、ベトナムの紅河デルタ、カンボジアと東北タイ、ビルマ内陸部のドライゾーン平原、ジャワの盆地といった、比較的人口が多い農業地帯を基盤にした内向型の国家が興隆し、これらの国家が、その後の交易の発展の時代に対処していく。ベトナムが中国からの自立を果たしたことなどは、その典型的事例である。こうした中で大陸部では、その後現在にいたる国家形成の主要な担い手となる人々による国家形成が本格化した。

二　農業国家から発展した中世国家

1　ベトナムの自立から李朝、陳朝へ

唐は、七世紀に現在のベトナム北部に安南都護府《あんなんとごふ》を置いて支配していたが、その勢力が衰退した八六〇年代には、雲南にあった南詔《なんしょう》が安南都護府を攻撃し、以降、中国はベトナム北部を実効支配

することができなくなった。航海技術の発展で、華南からベトナム中部のチャンパーの港まで直航できるようになり、ベトナム北部の中継交易上の価値が減退したことも、中国支配の弛緩を招いた。
唐の滅亡後の五代十国《ごだいじっこく》の時期に、ベトナムの土豪の自立的な動きはさらに強まり、九三八年には、呉権（ゴー・クエン）が、広東にあった南漢の軍を破り、王を自称した。現在のベトナムでは、これをもって中国からの自立が達成されたとしている。その後「十二使君《じゅうにしくん》」という土豪の抗争を平定した丁部領（ディン・ボ・リン）は、九六八年に皇帝を自称し、「大瞿越（ダイコーヴィェト）」という国号を定めた。

このベトナムの自立を導いたのがどのような人々なのかは、いまだ判然としていない。ベトナム北部で、中国支配に先立って栄えたドンソン文化の担い手をドンソン人と呼ぶとすれば、現在のベトナムでは、一〇世紀の独立の担い手は、一〇〇〇年以上に及ぶ中国の直接支配のもとで、中国の影響を強く受けたものの、完全には同化されなかったドンソン人だったとしている。これに対して、独立の担い手は、土着化した中国からの移民だったという見方もある。おそらくは、「中国化したドンソン人」と「土着化した中国人」の双方が担い手であり、これらの人々が、その後のベトナム人（現在のベトナムの多数民族キン族）になっていったのであろう。

一〇〇〇年も中国支配が続いたのだから、独立当初のベトナムにおける中国の影響は強かったと考えられがちだ。しかし、実際にはそうでなく、一〇世紀のベトナムは、中国的な中央集権国家からはほど遠い、王個人のカリスマ性がモノを言う、定まった王位継承ルールなど存在しない「東南アジア的国家」だった。

そうしたベトナムに、中国的な国家体制導入の道を歩ませたのは、他ならぬ中国からの脅威だった。中国を再統一した宋は、九八〇年には丁部領死後のベトナムの王位継承をめぐる混乱につけこんで侵攻し、その後もベトナム再征服をねらっていた。こうした状況では、王位継承ルールがないために絶えず王位継承をめぐる争いが起こるのではまずいことになる。そこで、一〇〇九年に成立した李(リ)朝は、男の長子が王位を継承するというルールを確立することによって、一二二五年まで存続する、ベトナム史上初の長期王朝となった。

李太祖(李公蘊、リ・コン・ウアン、在位一〇〇九〜一〇二八)は、一〇一〇年に、それまでの華閭(ホアルー)から紅河デルタの中心の昇龍(タンロン、現在のハノイ)に遷都した。李朝は、基本的には仏教王朝だったが、大乗仏教以外のベトナム土着の「神々」も王権の神聖化に活用された。一〇七二年に孔子を祀る文廟《ぶんびょう》が建設されているが、これも利用できる宗教は何でも活用する政策の体現だった。安定王朝として李朝はその国際的地位を高め、一〇五四年には「大越(ダイヴィエト)」という国号を自称し、一一七四年には宋から「安南国王」という、「外国」の君主に与えられる称号を授与された。李朝以降のベトナムの王朝も、大越の国号を踏襲した(一八〇四年まで)。

李朝の時代には、各地には依然、在地有力者が割拠していた。また、紅河デルタの稲作も、大規模な堤防工事などを必要としない、地形と気候に合わせた小規模な開発という、いわゆる「農学的適応」（土木工事を必要とする「工学的適応」に対し、自然環境に適した品種の採用など、農学的手法で環境に適応した稲作）が主流だった。

もっとも、李朝は内向型の農業国家であり続けたわけではなく、南海交易が盛んになるに伴い、チャンパーと接するだけでなく、山を越えて東北タイ、南ラオス、カンボジアとの結びつきをもったゲアン、ハティンの諸港の経営に力を入れ、チャンパーや真臘（アンコール朝）としばしば衝突した。

地図2　大越とチャンパー

いずれにせよ李朝のもとで、長く平和が続いたことは、人口の増大にもつながった。しかし、この人口がそれまでの農業では養いきれなくなるとともに、地方勢力の抗争が激しくなり、李朝は滅んだ。

ついで成立した陳（チャン）朝は、河堤《かてい》正副使を置き、紅河デルタでの大規模な堤防建設に乗り出した。これによって、それまでは収量の少ない冬春作しかできなかった低湿地でも、より有利な雨季作が可能になり、沿海部でも防潮堤によって干拓が進み、「工学的適応」の稲作が展開されるようになった。これを基盤に、陳朝は、地方の要所を王族が掌握する体制を構築した。地方に田庄《でんしょう》を持った王族は、流浪の民を奴婢《ぬひ》として開墾にあたらせたが、こうした王族の「家奴《かど》」「家僮《かしょう》」は、一二五七年、八四〜八五年、八七〜八八年の三回にわたるモンゴル帝国＝元朝の侵攻の際には、これと戦う軍事力の中核となった。王族の陳興道（チャン・フン・ダオ）は、元寇の撃退に活躍した将軍で、後世、民族英雄として祀られた。

陳朝は、上皇制を採用することで王位継承争いを防ぐとともに、官僚制の整備にも着手し、一七回の文官登用の科挙試験が実施された。これによって、一四世紀に入ると文人官僚の役割が増大し、儒教の影響力も大きくなっていく。

2　アンコール朝の農業生産力と都城

真臘を築いたクメール人が、陸真臘、水真臘への分裂を克服するのは、八〇二年にジャヤヴァルマン二世がアンコール地方で即位してからのことである。以降、一四世紀半ばまでアンコール地方に続いた王朝を、アンコール朝とよぶ。

ジャヤヴァルマン二世（在位八〇二〜八五〇）は、七七〇年頃「ジャワ」から帰国したといわれる。以前は、この「ジャワ」はインドネシアのジャワをさすとする説が有力だったが、近年では、カンボジアに近いインドシナ半島の地域をさすとする説も提起されている。八〇二年の即位はスドック・カック・トム碑文に記されているが、サンスクリット語と古クメール語で記されたこの碑文では、王は、サンスクリット語では「デヴァラージャ」(神々の王)、古クメール語では「カムラテン・ジャガット・タ・ラージャ」(守護精霊の王の中の王)と呼ばれている。これは、土着の精霊信仰をヒンドゥー教的枠組みで覆うことで、王権の神格化がはかられたことを示している。

アンコールの地で都城建設が本格化するのは、九世紀末からだが、護国寺院アンコール・ワットを建立したのは、スールヤヴァルマン二世(在位一一一三〜一一五〇?)である。その後、アンコール都城は、一一七七年にチャンパーによって攻撃・占領されるが、このチャンパー軍を追い払ったジャヤヴァルマン七世(在位一一八一〜一二一八?)は、新都城アンコール・トムと、その中心部に護国寺院バイヨンを建立した。この王のもとで、アンコール朝の支配領域は最大化し、北は今日のラオス中部、西は中部タイからマレー半島にまで及び、東でも一時的ではあるがチャンパーを併合した。王の四〇年近い治下では、仏教優遇政策がとられ、ヒンドゥー教寺院であったアンコール・ワットが仏教寺院として使用されるようになり、アンコール・トムのバイヨン寺院も仏教寺院として建立された。

しかし、その後、一二四三年に即位したジャヤヴァルマン八世は、ヒンドゥー教を重んじ、その治下では仏像を破壊する廃仏事件が発生した。こうした宗教抗争や、過剰な建設事業による疲弊、シャム人（現在のタイ人。二〇世紀の「タイ」という国号採用まではシャムと表記）の台頭などによって、王朝の勢力はしだいに衰えていく。一四世紀半ば以降は、シャム人のアユタヤ朝による攻撃を受け、一五世紀にはアンコールの都城を最終的に放棄することになった。

アンコール朝の繁栄を支えた基盤は、アンコール地方の農業生産力だった。巨大な貯水池などの水利施設によって、一二万六〇〇〇トンの籾米の収穫が可能で、約六〇万人の人口を養うことが可能だったという研究もある。実際にも、アンコール都城周辺の人口は四〇～五〇万人に達していたといわれ、それを支えるだけの集約農業の基盤が存在していた。

ただ、アンコールの王位は安定したものではなく、八〇二年から一四世紀半ばまでに王となった二六人のうち、八人だけが先王の実子または兄弟で、その他の王は、その個人のカリスマ性と実力で王位を獲得した人々で、先王との遠縁関係は信憑性の低いこじつけだった。血統に頼れず個人の力で王位を獲得した者にとっては、宗教的神聖性が重要な意味をもち、神格化された王として、新都城とその中心の国家鎮護の新寺院、王宮を建立する責務を負うことになった。前王たちより優れた建造物を造ってみせねば人々を服属させることができなかった、王位をめぐる激しい競争的環境が、アンコール朝の巨大建造物を生んだのである。

アンコール朝は、都城と各地を結ぶ幹線道路を整備した。「すべての道はアンコールへ」という構造は、アンコール都城という巨大なメトロポールに富を集める仕組みだったが、経済的合理性よりは、政治的・軍事的な力が大きく作用したものだった。香料などの有力な交易品は、各地からいったんアンコールに集積され、それからトンレサップ湖とメコン川を下って中国にもたらされていた。こうした仕組みは、海上交易がより活性化し、各地方が海へのより合理的なアクセスを求めるようになると、崩れざるをえない。一三世紀以降のチャオプラヤ川沿いのタイ系の人々の自立、アンコール朝の衰退は、こうした背景での出来事だった。

3　上座部仏教国家パガン朝

ビルマでは、九世紀に雲南の南詔の攻撃でピューの国家が滅んだ後、北方からビルマ族が南下してくる。彼らが、ビルマ内陸部のドライゾーンの水稲灌漑農業を基盤として建国したのが、パガン朝だった。

その存在が確実視される最初の王がアノーヤター(在位一〇四四~一〇七七?)である。アノーヤターは、南方のモン人の港市タトーンを制圧するなどして版図をエーヤーワディー川下流域まで拡大する一方、モンから上座部仏教を吸収した。一一世紀の中頃までパガンで信仰されていたのは、密教的色彩の強い大乗仏教で、その僧侶アリーは、花嫁に対する初夜権を主張したり、飲酒肉食にふけるなどしていたといわれる。アノーヤターが行ったことは、既存の権威を追放し、新しい秩序の確立を求める、国家統一の要請から来た一種の宗教改革だった。以降、パガンの王は「菩薩」と見なされ、王都パガンには多数の仏塔(パゴダ)が建立され、建寺王朝と呼ばれた。ただし、密教系の大乗仏教の影響はその後も根強く残った。

パガン朝を支えたのは大規模な灌漑施設だったが、それはいったん完成すると、維持管理は地元の力で行えることから、大規模灌漑施設を有する地方の自律化＝王室からの離反を招くことになる。これに加えて、沿岸地帯ではモン人の王国が再生し、東部のシャン高原ではタイ系の人々の自律化が進み、パガンから離反していった。こうした中で、一三世紀末には、雲南を手中に収めた元軍の攻撃を受け、パガン朝は事実上の滅亡に追い込まれ、ビルマは分裂の時代を迎えることになった。

4 クディリ朝による香料交易の掌握

海域に目を向けると、ジャワでは、シャイレーンドラが中国市場の閉鎖によって衰退すると、中部ジャワの盆地国家古マタラム王国がサンジャヤ王家のもとで復活した。一〇世紀前半のシンドク王(在位九二九〜九四七)は、王都をブランタス川流域の東部ジャワに移した。このシンドク王から、一三世紀のクルタジャヤ王までの時代が、クディリ朝と呼ばれている。

東部ジャワへの中心の移動は、ブランタス川流域の豊かな農業生産力が王国の経済基盤を保証するとともに、南シナ海とインド洋を結ぶ東西交易の基幹ルートに積極的に参入を図ろうとする動きでもあったと考えられている。シンドク王は、古マタラムのそれまでの王と同じようにシヴァ神を

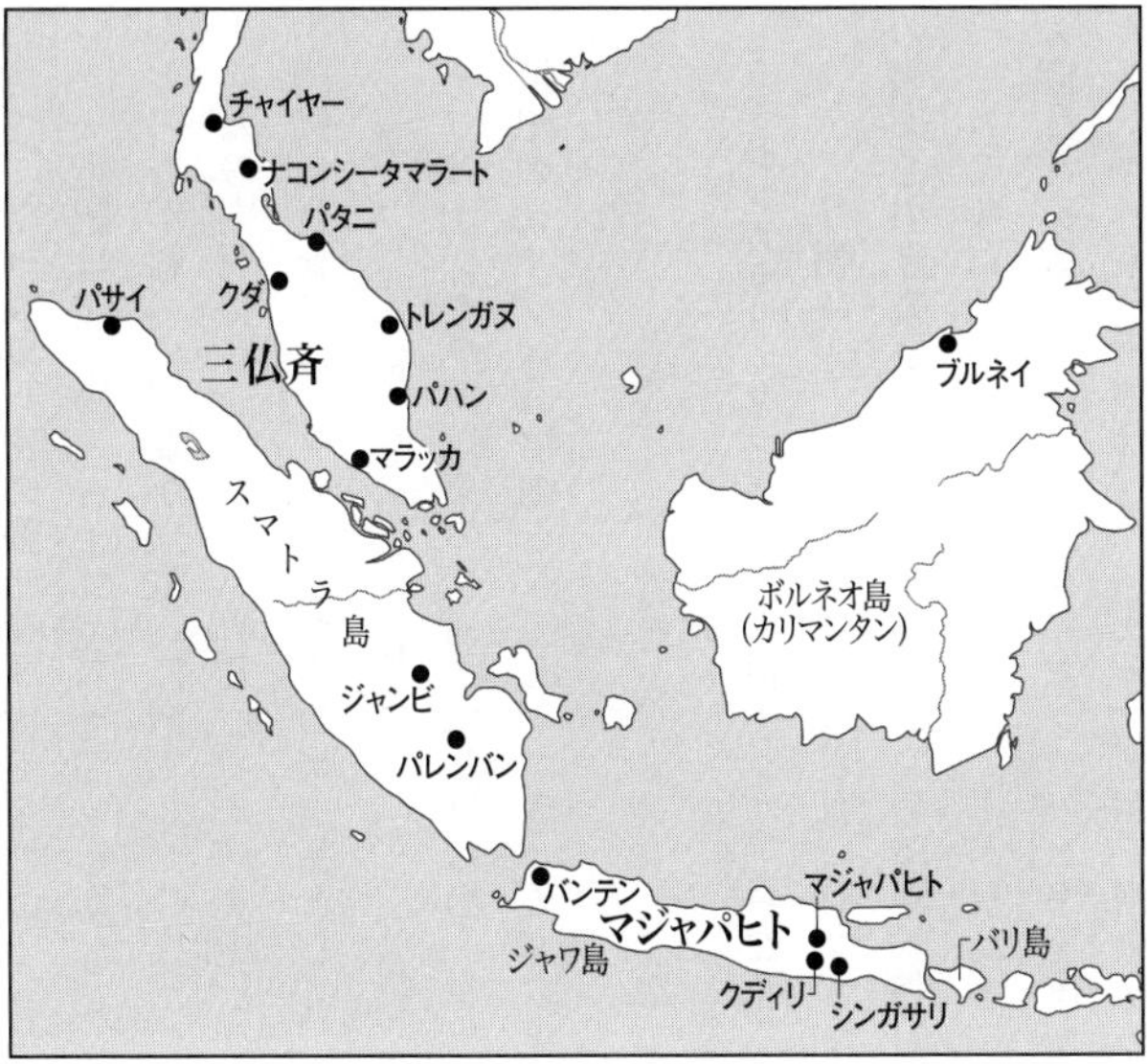

地図3　インドネシア海域

信仰するヒンドゥー教徒だったが、密教的色彩をもつ大乗仏教との関係も保っていた。

一〇世紀末に登場したダルマワンシャ王は、マレー半島方面の三仏斉《さんぶっせい》(後述)を攻撃したり、宋に朝貢使節を派遣するなど、交易に関わる積極的な対外行動をとった。この東部ジャワの統一を達成したのが、アイルランガ王(在位一〇一九～一〇五二)である。アイルランガ王時代の碑文には、港市の外国人居住者として、インド、東南アジア各地の人々があげられており、これらを結んだ交易が栄えていたことを示している。王は、プランタス川の下流に大規模な堰堤《えんてい》を構築するなど流域の農業生産を支える開発を進める一方で、ジャワ海以東の海上交易圏を東西海上交易網に直結させる役割を果たした。

一一世紀は、中国・ヨーロッパで、マルク(モルッカ)諸島の特産であるチョウジ(丁字、クローブ)などの香辛料への需要が飛躍的に増大した時代だった。特に南宋が成立する一二世紀以降は、中国人商人の東西交易への参入が増大し、クディリとの直接の朝貢貿易、民間交易も大きく発展した。中国側の資料には、クディリからの輸出品として、マルク諸島のチョウジ、バンダ諸島のニクズク(ナツメグ)、ティモール島の白檀《びゃくだん》など、ジャワ島以外の物産も多数含まれていた。これは、当時のクディリがジャワ海以東の交易圏における第一次集散地となっていたことを示しており、一一〜一二世紀のジャワは栽培地を掌握し、マラッカ海峡東部の熱帯島嶼部の対中国交易を独占する勢いを示していた。

5 シンガサリ＝マジャパヒト王国とジャワ古典文化

クディリ朝は、一二二二年に滅ぼされ、シンガサリ朝が成立する。シンガサリ朝は、クディリ朝の事業を引き継ぎ、ジャワ島外に対する積極的勢力拡張政策を進めるが、元朝との関係が悪化し、一二九二年に元軍が来寇した時には、王が反乱者によって殺害されるという混乱に陥っていた。この混乱を克服して一二九三年にマジャパヒト王国が成立する。

マジャパヒト王国は、ガジャ・マダが宰相を務めた一四世紀半ばに最盛期を迎え、積極的な対外行動を展開して、スマトラ島、ボルネオ(カリマンタン)島、マレー半島、およびバリ島からバンダ海周辺の島々にその支配を拡大し、最大時の版図は、今日のインドネシアのほぼ全域とマレー半島中南部にまで及んだ。こうしたマジャパヒトの行動は、国が管理する朝貢貿易以外の貿易を認めなかった中国の明朝の海禁令に対応したもので、島嶼部を代表する国家として明への活発な朝貢貿易を展開しようとするものだった。明の洪武帝《こうぶてい》の時代に、三仏斉(パレンバンか)が明に対して冊封《さくほう》(中華帝国の皇帝から周辺諸国の支配者が王などの称号を受け、名目的な君臣関係を結ぶこと)を求め明がこれに応じたことにマジャパヒトが怒り、明の使者をとらえて殺害してしまうという事件が起きた。これは、三仏斉の王が明から冊封を受けると、独立した国の王と認定されて朝貢を独自に行う権利が生ずることを、マジャパヒトが嫌ったための行動と思われる。こうして、マジャパヒトは、圧倒的な海軍力により、海域東南アジアの米や香料などの交易権を確保し、朝貢貿易を独占した。

マジャパヒトは、プランタス川河口の港に近いプランタス・デルタに都を置き、製塩やバティック(ジャワ更紗とも呼ばれる、ろうけつ染めの織物)などの輸出用手工業によって繁栄した。また、『デーシャワルナナ』と『パララトン』という現地語による歴史叙述も出現するなど、ジャワ古典文化の爛熟期を現出させた。バティックの他、ガムラン(旋律打楽器を中心とする合奏音楽)、ワヤン(影絵芝居)といった、現代ジャワを代表する文化の原型も、この時代に生まれたと考えられている。ジャワの最大にして最後の大乗=ヒンドゥー王国ではあったが、近世的国家としての様相ももっていた。しかし、やがて明が国家による貿易独占を維持できなくなり、海禁が緩んで民間交易が復活し、こうした中でマラッカが台頭してくる一五世紀には衰退に向かっていく。

三 交易国家の新展開

1 三仏斉の対外攻勢

マラッカ海峡周辺では、一〇世紀以降、中国資料でいう三仏斉がさかんに中国に朝貢している。この三仏斉は、七世紀に成立したシュリーヴィジャヤがそのまま一四世紀まで存続した大交易帝国で、その都はスマトラ島にあり、一一世紀後半まではパレンバン、それ以降はジャンビであったと考えられてきた。しかし、スマトラ島には文献資料が描くような大国にふさわしい遺跡が存在しないことから、近年では三仏斉は、シュリーヴィジャヤの後身国家を含む、マラッカ海峡周辺に存在した諸小国の総称であったとみなされるようになっている。

三仏斉の地理的な広がりは、マレー半島の中部以南、スマトラ島の北端からマラッカ海峡に沿った地域、西部ジャワ、および西ボルネオで、西アジアや南アジア、およびジャワと中国との間の交易ルートを支配していた。宋代の中国では、東南アジア産の沈香と西アジア産の乳香《にゅうこう》などの香料が輸入品の中心だったが、その多くは三仏斉を経由して中国にもちこまれていた。

一〇世紀末に三仏斉は、ジャワのクディリ朝からの攻撃を受ける。ジャワが東西交易に積極的に関わるようになった時期、三仏斉は、中国および南インドのチョーラ朝との関係を強化した。三仏斉との関わりを強めたチョーラ朝は、一〇二五年には大規模な軍事遠征を行い、カターハ(クダ)とシュリーヴィジャヤを支配するシャイレーンドラ家の王を捕らえたほか、マレー半島北部からマラッカ海峡の両岸にかけての十数カ所を征服した。チョーラはマラッカ海峡の支配に乗り出し、ベンガル湾はチョーラの内海となった。マラッカ海峡ではクダにチョーラの中心的な拠点があり、そこからは中国資料で「三仏斉注輦国」(三仏斉チョーラ国)という形で中国に朝貢使節が派遣されている。しかし、チョーラの海域支配は一〇七〇年頃には弱まりはじめ、三仏斉地域では多くの勢力が競い合う状況が生まれた。

一二世紀は、ジャワのクディリ朝の台頭で、三仏斉の海上交易支配力が弱まった時代だった。一三世紀に入ると、中国資料で単馬令とされたナコンシータマラートの勢力が三仏斉地域で拡大し、一三世紀半ばには二回にわたってセイロンに侵攻した。一三世紀後半には、スマトラ内陸部で発達したムラユの勢力がマレー半島の中部に及ぶようになり、三仏斉を代表する勢力になった。一三世紀から一四世紀にかけては、北からマレー半島への進出をはかるシャム人の勢力と、ムラユ＝三仏斉が対立し、しだいにシャムの勢力が拡大するようになった。他方で、ジャワのマジャパヒトからの圧力も加わり、三仏斉は一三七七年の明への朝貢を最後に、歴史の舞台から姿を消すことになった。

2　根強いチャンパー勢力

チャンパーは、唐末以降は中国では占城と呼ばれた。聖地ミーソンと都チャキェウ、その後の都インドラプラ(ドンズオン)など、一〇世紀までは、現在のベトナム中部のクアンナム省に本拠があったが、李朝ベトナムの建国以降、その圧力が高まると、チャンパーの中心は南のヴィジャヤ(現在のビンディン省)に移った。

チャンパーは、統一的な王国というよりは、半独立的な地方勢力のゆるやかな連合という性格が強かった。従来の研究では、八〜一〇世紀を最盛期とし、ヴィジャヤ時代は、ベトナムの南進とアンコール帝国の繁栄にチャンパーが圧倒されていった衰退期と見る傾向が強かったが、一一七七年にはチャンパー王ジャヤ・インドラヴァルマン四世がアンコールを急襲し一時占領したこともあり、一四世紀後半にはピナスオール王のもとで、一三七一年、七六年、七八年と三度にわたってベトナムの都タンロンを襲撃し、陳朝を滅亡の一歩手前にまで追い込むなど、周辺諸国との抗争は一進一退の状態だった。一時チャンパーがアンコールに併合されたこともあったが、こうした状況は、チャンパーを構成する地方権力がその都度強いほうになびいて、力関係が激変したかに見えた現象で、実際にはチャンパーの勢力圏が大幅に減少することはなかった。

南宋時代の中国資料では、東南アジア方面に行くにはチャンパーが最も近く、広州から船で八日で達するとしている。航海技術の発達で、中国南方の港を出発した船は、かつてのようにベトナム北部に立ち寄る必要はなくなり、チャンパーまで直航できるようになり、南シナ海交易におけるチャンパーの優位が固まった。特産の沈香に加えて、一四世紀になると、輸出用の陶磁器や綿布の生産も盛んになった。こうしたことから、近年では一四世紀をチャンパーの全盛期とする見方も出されている。

四　転換期としての一三〜一四世紀

一三世紀が東南アジアにとって大きな転換期になったというのが、以前の東洋史では有力な説だった。そこでは、東南アジアに対するモンゴル帝国＝元朝の攻撃と、元の雲南支配で大量に南下したタイ系諸族の「沸騰」によって、政治秩序が大きく塗り替えられたとした。つまり、ヒンドゥー教と大乗仏教を奉じ、サンスクリット語で自己表現をする「インド化された国々」の時代が終焉し、かわって南方上座部仏教やイスラムを奉じ、現地語やパーリ語などで表現する時代に移行したというのである。しかし、この説は、モンゴル帝国の破壊力に対する過大評価があり、大量のタイ系の人々の南下がクメール人やモン人を一挙に排除したというのは、あまりに単純な図式であることなど、様々な批判にさらされている。

今日では、モンゴル帝国の世界史的意義は、破壊よりも、ユーラシア大陸に大帝国が出現したことによる東西交易の活性化、特にユーラシア全域を結ぶ海路の交易・交流圏が完成し、それが「近代世界史」を切り開くことにつながったという面が重視されるようになっている。

世界史的にも、「危機」という点では、一四世紀のほうが深刻だったと思われる。一四世紀には、ユーラシア大陸の多くの地域でペストが大流行した。中国あるいは中東が発生源といわれているが、それがヨーロッパまで広がったのは、モンゴル帝国によってユーラシア大陸の東西を結ぶ交易が発展したためだった。このペスト禍に地球寒冷化が加わり、一四世紀半ばにはユーラシア大陸全域で危機が発生した。東南アジアの出来事で、地球寒冷化と結びつく可能性が高いのは、一四世紀半ばの陳朝ベトナムでの飢饉の頻発と、それに伴う社会的混乱であろう。また、東北タイとカンボジア西北部のドライゾーンの平原が、歴史の表舞台から姿を消すことになるのも、なんらかの生態環境の変化と関連しているかもしれない。

いずれにせよ、東南アジア史においても一三〜一四世紀が分水嶺であり、内陸部にある内向型の農業国家の都に、政治権力の力で物資を集積する中世的国家は終焉を迎えた。そして、マジャパヒトや後述するアユタヤのように、河口近くの海へのアクセスのよい所に都を置き、農作物を輸出しうる農業基盤と、工芸作物や手工業製品などの輸出産業をもった、「交易の時代」(次講参照)への経済合理的な対応ができる近世国家へと、東南アジア史の主役が交代していった。

ベトナムでは、一四世紀の混乱の中で、紅河デルタの南の山地のタインホア地方の出身者が、官僚・武人として台頭した。タインホア出身の武将胡季犛(ホー・クイ・リ)は、チャンパー王ピナスオールを打ち破り、デルタ地帯の陳朝王族の大土地所有を解体して、官僚制度を整備し、中央集権的な国家体制を整備しようとした。一四〇〇年に胡季犛は帝位を奪って胡朝を開くが、これは積極的な対外政策を推進していた中国の明の介入を招き、胡朝は一四〇七年に滅び、二〇年にわたる明の直接支配が行われた。元寇後の陳朝から胡朝にかけての時代には、科挙官僚制と結びついた儒教の影響の拡大がみられる一方、歴史書の編纂や字喃(チュノム)と呼ばれる漢字から生まれたベトナム固有の文字の使用など、民族意識の発展がみられた。

一三〜一四世紀にはまた、ゆっくり勢力を拡大していたタイ系諸勢力が、元軍のビルマ・北タイへの進出、パガン朝の解体、アンコール帝国の衰退などの諸要因をうまく利用しながら独自の国家建設を進めた。まず一二四〇年頃には現在のタイ中央部で、スコータイのシャム人がアンコール朝からの自立の動きを示し、スコータイ朝を築き、上座部仏教を導入した。この王朝は、一三世紀末のラーマカムヘン王の時代に全盛期を迎えたといわれる。このスコータイと前後して、北タイのラーンナー(チェンマイ)、ラオスのラーンサーン(ルアンプラバン)、チャオプラヤ・デルタのアユタヤなどのタイ系諸政権が成立した。一三五一年に成立するアユタヤ朝は、インド洋、シャム湾双方にアクセスできる立地を生かして、海域への勢力拡大に乗り出し、マレー半島ではムラユと対立した。

島嶼部では、イスラムの拡大という、新しい変化が始まった。東南アジアで最初にイスラムを受容したのは、一三世紀末、スマトラ島北端のパサイ王国の支配者だったといわれる。その後、徐々にイスラムは島嶼部に広がっていくが、島嶼部の王国の支配者の間にイスラム受容の動きが広がったのは、インド洋に広がるムスリム商人の商業網に結びつくことが、自らに多大な利益をもたらすと判断した結果と考えられている。イスラム化の動きは、一五世紀のマラッカ王国の出現で本格化する。

第3講

交易の時代

15世紀〜17世紀

マラッカ王宮(復元)

	東南アジア	世界
1400頃	マラッカ王国成立	
1405〜1433	鄭和の南海遠征	
15世紀		イタリア，ルネッサンス，香辛料需要増大
1428	ベトナム，黎朝成立	
1453		オスマントルコ，ビザンツ帝国を滅ぼす
1471	黎朝大越，チャンパーのヴィジャヤ攻略	
1498		ヴァスコ・ダ・ガマ，海路インドに到達
1511	ポルトガル，マラッカ占領	
1526		ムガール帝国(〜1858)
1527	ベトナム，莫朝成立	
1539	ビルマ，タウングー朝ペグーに遷都，ビルマ再統一	
1567		明，海禁を緩和
1569	タウングー朝ビルマ，アユタヤ攻略	
1571	スペイン，マニラ建設	
1590	シャム，ナレースエン王即位，独立回復	
1602		オランダ，東インド会社設立
17世紀前半	各地に日本人町繁栄	
1619	オランダ，バタヴィア建設	
1620〜1670年代	マタラム王国，中・東部ジャワを支配	
1627〜1672	ベトナム，鄭氏政権と阮氏政権の抗争激化	
1639		日本の鎖国完成
1641	オランダ，マラッカをポルトガルから奪う	
1644		清朝の中国支配(〜1911)
1656	シャム，ナライ王即位	
1667	オランダ，マカッサルを服属させる	

一　「交易の時代」の背景

1　世界的な経済拡大と銀の時代

一五世紀後半から一七世紀前半は、世界的な景気拡大の時代で、東南アジアの交易もその中で大きく発展した。この時代は、東南アジア史では「交易の時代」と呼ばれている。

この時期に世界的な経済発展が起きた背景には、いくつかの要因がある。まず第一には、前講で述べた一四世紀の危機をもたらした寒冷化がおさまり、地球の気候が温暖化に向かい、農業生産が発展し、社会状況にも安定がみられるようになった。この中で、一三〇〇年の三億六〇〇〇万～四億から、一四〇〇年には三億五〇〇〇万～三億七四〇〇万に落ち込んでいた世界の人口も増勢に転じ、一五〇〇年には四億二五〇〇万～四億六〇〇〇万に、一六〇〇年には五億四五〇〇万～五億七九〇〇万に増加した。

第二は、経済発展により、世界各地の都市には、それなりの経済力をもつ都市民が出現し、そのことを反映して、大量消費物資が主要な交易品になったことである。生糸、絹、陶磁器、胡椒などの香辛料は、かつては王侯貴族など限られた人々が求める奢侈品だったが、この時代には、より広い階層の人々が日常的に使用する商品となった。

一四世紀半ばには、ヨーロッパ世界での東南アジア産香辛料に対する需要増大を背景に、イタリアのヴェネツィアがローマ教皇の許可を得て、エジプトからシリアにかけての地域を支配していたマムルーク朝と通商協定を結び、東南アジア産品は、インド洋からペルシア湾あるいは紅海に入り、その後は陸路で地中海に運ばれた。しかし一五世紀には、オスマン朝がビザンツ帝国を滅ぼしてエジプトから小アジアに至る地域を支配下においたため、この地を経由しての東南アジア産品の輸入が難しくなった。そこで、スペイン、ポルトガル、オランダ、イギリスなどのヨーロッパ勢力が、直接アジアの産品を入手しうる航路を求めてはじまったのが、いわゆる「大航海時代」である。ヨーロッパ勢力の参入による、東南アジアの交易の担い手の多様化は、交易の量と商品のバラエティの拡大をいっそう促すことになった。

この時代に、東南アジアの最も有力な輸出品となったのが、胡椒だった。胡椒の原産地は南インドだが、一四〇五年頃、北スマトラに苗木がもたらされ、東南アジア各地で栽培されるようになり、原産のチョウジやニクズクに加え、東南アジアは胡椒でも重要な産地になった。胡椒輸出のピークとなった一六七〇年代には、東南アジアからは、推計で年間六〇〇〇トンがヨーロッパに、二〇〇〇トンが中国に輸出された。

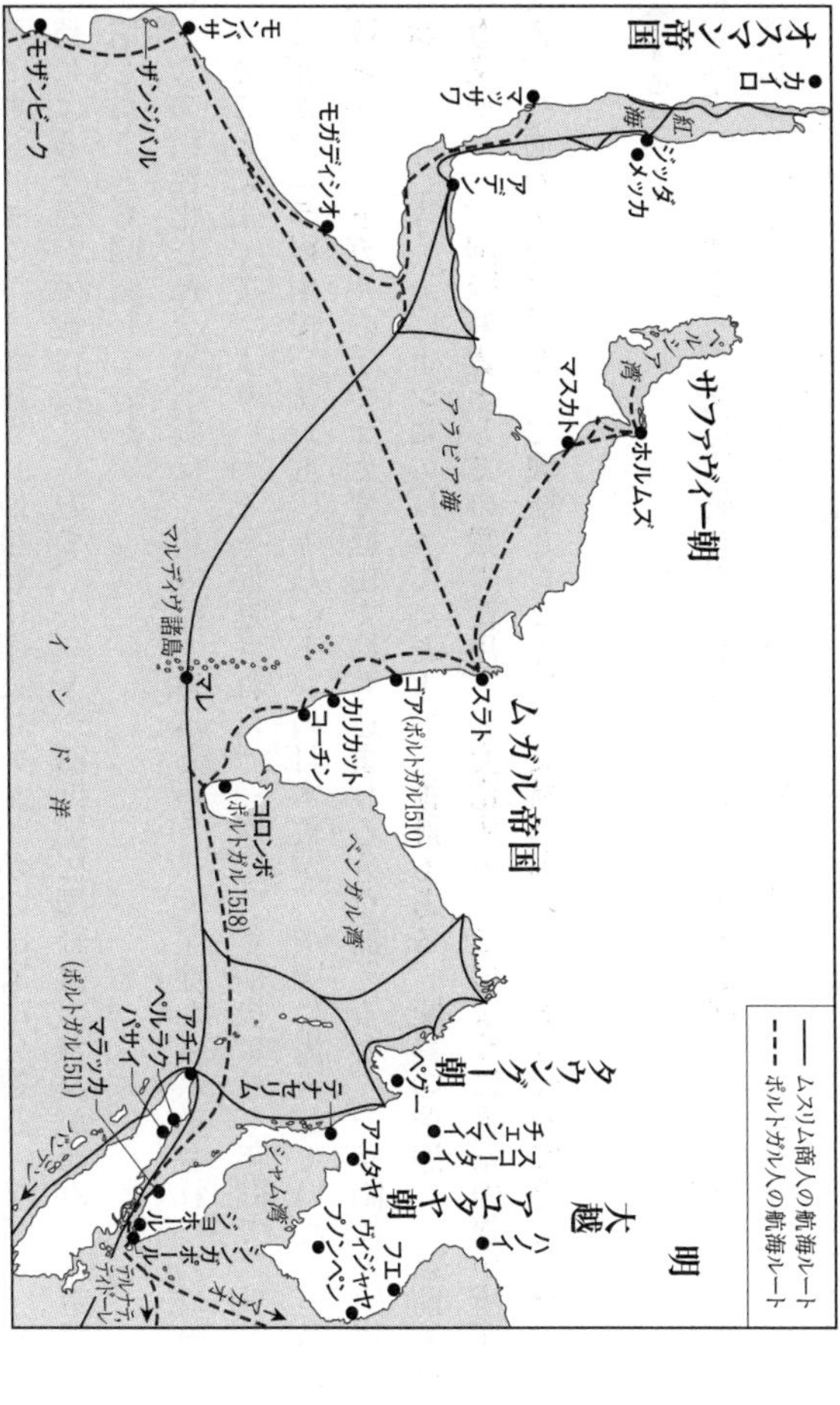

地図4　インド洋交易と東南アジア(16世紀)

この「交易の時代」の東西交易は、海路が主流であり、そのことが東南アジアにおける交易を発展させた。これは、モンゴル帝国が一四世紀中頃にはいくつかの国家に分裂し、アジア・ヨーロッパ間の陸路による交易が困難になる一方で、一三〜一四世紀に羅針盤の普及が進み、長距離航海の確実性が増したことも関係していた。

第三に、この活性化した交易活動は、新大陸と日本という二大産地から供給された大量の銀を決済手段とすることによって、よりいっそう促進された。一六〇〇年前後には、年間で二五〜五〇トンの新大陸銀がマニラ経由で、また五〇〜八〇トンの日本銀が、中国に流入していたといわれ、これに新大陸銀がポルトガルの手でマカオ経由で持ち込まれる分を加えると、一年間に中国に流入する外国銀は、一〇〇〜一五〇トンにのぼっていたという推計もある。交易の形態は、以前の特定の商品の相互交換から、国際通貨としての銀の使用へと変化する。このように大量の銀が流通して購買力を支え、共通の決済手段として機能したことは、交易活動のいっそうの発展を促した。

2　競合する諸勢力

一五世紀前半に、活性化した交易活動に対応した積極的対外政策を展開したのは明で、永楽帝《えいらくてい》が派遣した鄭和《ていわ》の大艦隊の遠征によって、明が管理をする朝貢貿易体制に、南シナ海からインド洋にかけての広大な地域が組み込まれた。東南アジアでは、ベトナムの黎(レ)朝、シャムのアユタヤ朝、ジャワのマジャパヒト王国が繁栄し、さらには明の後ろ盾をえることで、「交易の時代」の東南アジアの象徴ともいうべきマラッカ王国が興隆した。

しかし一五世紀半ば以降、明の対外政策は急速に消極化し、南シナ海とインド洋の交易は、明の国家的管理から離れて、様々な勢力が競い合う場となった。ベトナムでは黎朝が衰退し、一六世紀前半には莫(マク)朝が成立するが、黎朝の復興をはかる勢力との抗争が続いた。ジャワでは、一五世紀後半にマジャパヒトが衰退し、多くの港市国家が自立的な動きを示し、一五一一年のポルトガルのマラッカ占領以降は、その集散機能が各地に分散した。流通量が減少した中国産の陶磁器に代わって、ベトナム、タイ、ビルマ産の陶磁器が国際市場に大量に輸出されたり、琉球王国が、中国と日本・東南アジアの中継交易で繁栄するなどの現象もみられた。

一六世紀半ば以降、新大陸の銀をもったヨーロッパ勢力と石見銀山の銀をもった日本が、東南アジアの交易に参入してくる。北からのモンゴルの軍事的圧力と南方での後期倭寇の跳梁で、一五五〇年代には深刻な危機に直面していた明も、それをなんとか切り抜け、一五六〇年代末までには海禁政策を大幅に緩和した。中国人商人の東南アジア渡航が解禁され、ポルトガル、スペインが中国・日本との交易拠点を確保し、東シナ海も含めた海域アジアの「交易の時代」は、その全盛期を迎えたのである。この時代には、ビルマのタウングー朝など、交易による利益とヨーロッパ勢力から得た軍事力を結合して、強大化する勢力も出現した。こうした「交易の時代」の繁栄は、日本銀や新大陸銀の生産が減少していく一七世紀の半ばすぎまで続いた。

二 「交易の時代」の新興国

1 東西交易の要衝マラッカ王国

東南アジアの「交易の時代」の到来を象徴したのは、マラッカ王国の東西交易の要衝としての繁栄だった。マラッカ王国は、一四〇〇年頃、スマトラのパレンバン王族出身者が、ジャワのマジャパヒトの圧力を受けてマラッカ海峡を渡り、建国したといわれる。アユタヤとマジャパヒトに圧迫されて存亡の危機に瀕していたマラッカ王国を救ったのは、鄭和の外征だった。一四〇五年から三三年にかけての七回にわたる東南アジアから南アジア、遠くはアラビア半島、東アフリカに至る遠征で、マラッカは補給基地となり、明の朝貢国となることによってその独立を守った。その後、一五世紀後半には、インド洋の香辛料交易の拡大により、全盛期を迎えた。

マラッカが繁栄した背景には、いくつかの要因があった。それまで東南アジアを経由して中国とインドの間を往復するには、季節風の向きがかわるまでの「風待ち」の時間も含めて、約二年を要していた。しかしマラッカを中継港とし、ここで中国製品と熱帯産物、西方の産物とを交換すれば、南シナ海のジャンク船がインドまで行ったり、インド洋のダウ船が中国まで行く必要はなく、航海の期間は従来の半分ですんだ。例えばジャンク船は、北東の季節風が吹く季節の終期(三月頃)にこの地を訪れ、商品を在地の商人に売り渡した後、西方の物資を積んで、南西季節風の始期(五月頃)に中国に戻ればよくなった。

また、ヨーロッパ市場での胡椒需要の増大に対応するには、マレー半島の西岸に位置するマラッカは適地で、さらに一五世紀初頭から栽培が普及した北スマトラの胡椒を独占することができた。マルク諸島も、ジャワ北岸の港市も、マラッカを経由しないと香辛料を西方には輸出できなくなった。

マラッカの王は、インド北西部のグジャラートのムスリム商人との結びつきを強めるため、イスラムに改宗した。以降、東南アジアの港市国家の首長のイスラム受容が急速に進展し、海域東南アジアのイスラム化が本格的に進むことになった。

対外的に開かれたマラッカの特色を反映して、「シャーバンダル」と呼ばれる四人の港務長官が置かれた。①グジャラート、②ベンガル、ビルマ、スマトラ、③マルク諸島、ボルネオ、④中国、琉球、チャンパーというように、地域ごとに管轄が分かれ、それぞれの地域出身の外来商人が任命され、外来商人の応援と貿易の円滑な実施を任された。

マラッカ王国では、商業は、もっぱら外来商人とそれと組んだ地元の商人が行い、政治は国王とその臣下の貴族が行うという、棲み分けがなされていた。国王は、臣下が商人となって貿易を担って豊かになり、自らに対抗する勢力となることを嫌った。こうした棲み分けは、他の東南アジアの港市国家でも見られた。

海峡に面していたマラッカは、軍事的には脆弱で、一五一一年にポルトガルに占領され、その繁栄が突然断絶することになった。しかし、ポルトガルの軍事行動は、ムスリム商人の反発を受け、マラッカが果たしていたインドネシア海域の交易網の一極集中状態を継承することはできなかった。マラッカの果たしていた集散機能は、マラッカの王が逃げのびたジョホールや、スマトラのアチェなど、各地の港市に分散し、多極的な交易網が展開されることになった。

2　アユタヤ朝の興亡

タイ中央部に一四世紀半ばに成立するアユタヤの歴史は、一六世紀後半に一時ビルマに服属した時期を境に、前期と後期に分けられ、前期はアヨードヤと呼ばれることもある。

アユタヤは、インド洋、シャム湾双方にアクセスできる立地を生かして、「交易の時代」に発展した。経済的には、アユタヤ周辺で発達した浮稲栽培をはじめとする、チャオプラヤ川沿いの稲作社会の支配を基盤としたが、同時に蘇木(スオウ、赤の染料となる)などの内陸産品を輸出する港市としての性格も持った。タイ北部につながるチャオプラヤ川と、東北タイにつながるパーサック川の合流点に位置するアユタヤは、森林資源の集散地に適していた。くわえてアユタヤは、チャオプラヤ川を海から一〇〇キロ遡ったところに位置しており、海賊などの攻撃を防ぎやすかった上に、標高差がなく、海の干満を利用しての船舶の航行ができたため、海上交易路に結び付ける恰好の交易拠点として繁栄した。

スコータイを併合、さらに東北部を支配していた真臘へも侵攻して、一四三一年にはその王都アンコールを陥落させ、マレー半島にも進出した。マレー半島では、一時マラッカを属国化したほか、西岸のペイ（メルギ）＝テナセリム地方を影響下において、ベンガル湾へのアクセスも確保した。

前期アユタヤの交易相手としては、中国や琉球が重要な位置を占めていた。明が海禁体制をしき、中国人の対外交易を制限していた一六世紀前半までの時代、積極的な中継交易を行っていた琉球にとって、アユタヤは重要な交易相手だった。琉球船は、中国産の陶磁器をアユタヤに運び、かわりにタイ産の蘇木や胡椒を調達した。蘇木や胡椒は、琉球の明への朝貢のために使用された。琉球の外交文書をまとめた『歴代《れきだい》宝案《ほうあん》』には、アユタヤの王室による独占

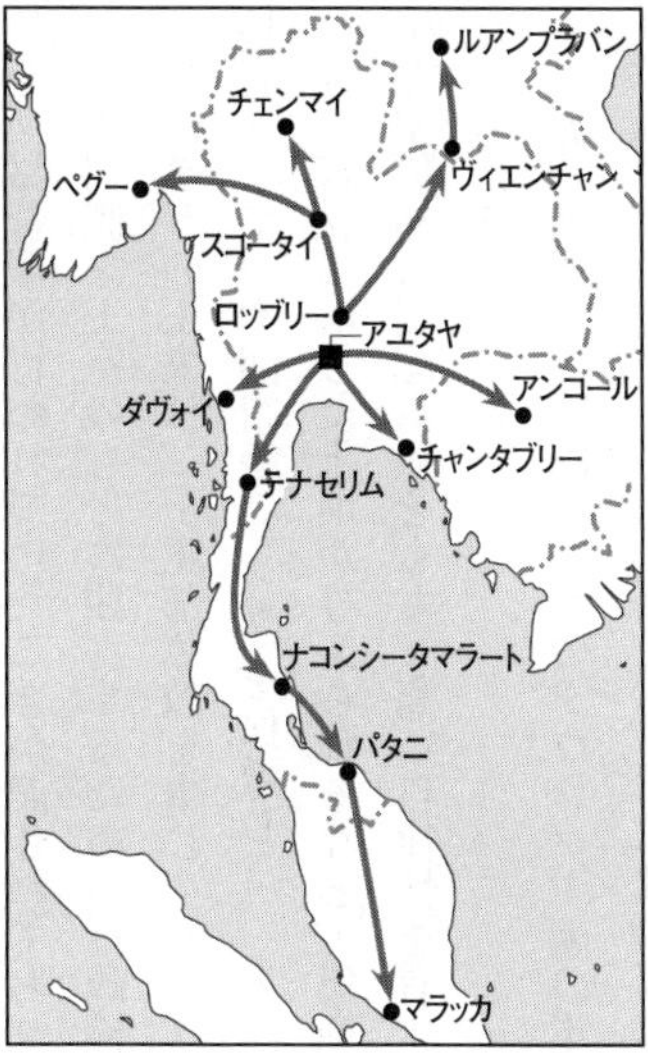

地図5　前期アユタヤの支配領域の拡大

的な交易管理が行われていたことが記されており、一五世紀前半までに、アユタヤでは、交易のもたらす利潤を王室のもとに独占するための行政機構が存在したことが知られている。

アユタヤの王権は、上座部仏教を奉じており、王は仏教から権威を保証される代わり、仏教の護持者として、僧団組織(サンガ)を保護した。また、王の家臣団には、位階田(サクディナー)制にもとづき、官職に応じた土地が与えられるなど、集権的な行政改革も試みられたが、実際には、中央王権と相似的な支配組織をもち、高い自律性を有する地方を傘下におさめたマンダラ構造をもっていたと考えられている。

一五六九年に、隣国ビルマのタウングー朝の軍門に下り、一時属国となったが、一五九〇年にはナレースエン(在位一五九〇〜一六〇五)によって独立を回復した。ナレースエンは、マレー半島西岸の拠点を奪還し、インド洋と南シナ海を結ぶ中継地としての機能を回復した。

一七世紀頃にはポルトガル、オランダ、フランス、日本など世界各国からの商人が渡来し、アユタヤはヨーロッパと東アジアを結ぶ国際交易港として隆盛を極めた。アユタヤに日本人町が形成され、山田長政が活躍したのもこの時代である。一七世紀後半のナライ王(在位一六五七〜一六八八)の治世には西洋との関係も深まり、イギリスの通訳として来訪したコンスタンティン・フォールコンは、王の信任を得て権勢をふるい、フランスもフォールコンを通じて宮廷に進出した。しかし、ナライ王の死後は、フォールコンも処刑され、外国商人団のなかではオランダが一時優位を占めるが、その後は、タイ米の輸入で結びつきを強めた中国との関係が強まった。末期は内乱が続き、一七六七年にはついにビルマのコンバウン朝の攻撃を受けて、四〇〇年あまりにおよぶ長い歴史に終止符が打たれた。

三　新たな外来商人の活躍――ポルトガル、スペイン、日本、オランダ

1　ポルトガル

東南アジアに最初に進出したヨーロッパ勢力は、一六世紀のポルトガルだった。喜望峰を経てインド洋に乗り出したポルトガルは、インド西岸のゴアに拠点を築いた。ポルトガルの目的は、東南アジアの胡椒をはじめとする香辛料交易の独占で、一五一一年に香辛料の集散地であるマラッカを占領すると、マルク諸島にも進出した。同じころ太平洋側から進出してきたスペインとは、サラゴサ条約(一五二九年)により勢力範囲を定め、マルク諸島を確保した。

ポルトガルは、その軍事力を背景に、各地に商館と呼ばれる商業・軍事拠点を築き、ゴア―マラッカ―マカオ―平戸という海域ネットワークを築いた。特に、マカオから中国産の生糸を平戸(後に長崎)に持ち込み、日本銀を持ち帰る貿易は、大きな利益をポルトガルにもたらした。しかし、ポルトガルには、莫大な量の香辛料交易を独占する力はなく、マラッカの占領も、上述のように香

辛料の集散拠点の分散化を招いただけだった。

そうした中で、ポルトガル人は、現地に定住し、商業活動に従事するとともに、鉄砲・大砲などの武器の製造と操作に熟達しているという利点を生かして、ビルマ、シャムなど、特に東南アジア大陸部の支配者の傭兵として活躍した。

国家としてのポルトガルは、一六世紀末までには衰退し、香辛料貿易の拠点も一七世紀初頭にはオランダに奪われるが、ポルトガル人は、現地化した私貿易商人として引き続き勢力を保った。

2 スペイン

スペインは、新大陸から太平洋を経由してフィリピンに進出した。一五六五年には太平洋を横断する航路が開設され、一五七一年には初代フィリピン総督レガスピがマニラを占領し、ここにスペイン領フィリピンの首都を置いた。

すでに述べたように当時の中国では、銀の需要が増大していた。この中国市場に銀を供給する一方で、新大陸市場で需要のある生糸・絹織物・陶磁器などの中国製品を獲得するため、マニラを中継地として、スペイン人によるガレオン貿易と、福建商人の運航するジャンク船貿易とが結合されることになった。アジアに流入したスペインの銀貨(ドル)は、海域アジアの共通通貨として近代にいたるまで流通した。

マニラは城塞都市であり、城内にはスペイン人の、城外には中国人の居住地が広がっていた。インディオとよばれたフィリピンの「原住民」は、スペイン人や中国人のサーバントとして存在していた。この三つの社会は、文化構造的には無関係に存在しており、マニラは、これ以降、植民地時代にかけて広がる複合社会構造の先駆けとなった。

もっとも、港市マニラと後背地の関係は希薄で、スペインの統治範囲はルソン島・ビサヤ諸島の平野部に限定され、イスラムの影響が及んでいた南部地域(ミンダナオ島、スールー諸島)は、スペインの支配に組み入れられなかった。

3 日本

一六世紀後半には海禁を緩和した明であったが、倭寇の拠点とみなしていた日本との間には、いかなる交易ルートも公認せず、日本人の中国来航や中国人の日本渡航を禁じていた。その措置は、豊臣秀吉の朝鮮出兵以降も継続されていた。この間隙をぬって巨万の利を得たのは、ポルトガルだった。

天下を統一した豊臣秀吉、徳川家康は、倭寇でないことを示す、日本の統治者公認の朱印状を交付した交易船＝朱印船貿易に乗り出した。日本船の中国寄港は不可能だったので、朱印船の主な行先は東南アジアだった。ここで朱印船は、東南アジアの熱帯産品(蘇木、鮫皮、鹿皮、沈香など)および明の海禁を機に生産が増大した東南アジア産の陶磁器、絹織物などの手工芸品を求めた他、中国船との出会い貿易で、中国産の生糸、陶磁器などを入手したのである。日本からは、銀、銅、漆器などが輸出された。

マニラ、ホイアン(ベトナム)、アユタヤ、ポニェルー(カンボジア)など、主要な朱印船の寄港地には、日本人町が築かれた。ホイアンは、後述のように当時南北に分裂していたベトナムの南を支配していた阮(グエン)氏政権の港で、一六〇四年から三五年までに発行された三五六通の朱印状のうち七五通がこの地をめざした船に交付されたもので、朱印船最大の寄港先だった。

東南アジアに渡った日本人には、商人に加えて、浪人、キリシタンなど、幕藩体制から排除された人々も含まれていた。規模は最大のマニラが三〇〇〇人、それに次ぐアユタヤが一五〇〇人程度だったといわれている。しかし、一六三〇年代の数度にわたる鎖国令により日本人の海外渡航が禁止されたことで、一七世紀後半になると各地の日本人町は衰退した。

4 オランダ

一六〇二年に連合東インド会社を設立して、東南アジアへの進出の体制を整えたオランダは、インドネシア海域への進出を開始し、一六〇五年にはポルトガルからアンボン島を奪い、一六一一年にはジャワ島西北部のジャヤカルタに商館を置き、一六一九年にはここでイギリス軍を破り、バタヴィアと改名した。オランダは、積み荷の没収、航行制限などの実力行使によって、インドネシア海域における交易のバタヴィア一極集中をはかった。

一六二八～一六二九年に、内陸農業社会に基盤を置き、中・東部ジャワに勢力を拡大していたマタラム王国によるバタヴィア攻撃をしのいだオランダは、一六四一年には、マラッカをポルトガルから奪い、ここに東南アジアでのポルトガル勢力は衰退を余儀なくされた。

またオランダは、日中貿易にも進出した。中国に拠点をもたなかったオランダは台湾南部にゼーランディア城を構築し、ここを拠点として、貿易を仲介した。徳川幕府の一連の鎖国令によって、ポルトガル船来航と日本人の海外渡航が禁止されると、オランダ東インド会社は、長崎貿易における東南アジアからの生糸の輸入や、日本産陶磁器の輸出の担い手としての役割も果たした。この日本との貿易で得た銀は、東南アジアでの香辛料の買い付けに必要だった、インドのコロマンデル地方の更紗などの染織物の購入に活用された。

イギリスとオランダの間では対立回避のため、両国の東インド会社の合同が一六一九年に決定されていたが、マルク諸島の香辛料交易の独占をめざすオランダの現地勢力は、一六二三年のアンボン事件でイギリス勢力を排除し、一六六〇年代までにはマルク諸島の香辛料生産のかなりの部分を、その支配下においた。このオランダの武力による交易独占の動きは、自由な交易の維持をめざすマカッサル王国と衝突した。両者の抗争は、一六六〇年代には武力衝突に至り、一六六七年にマカッサルを占領したオランダは、マルク諸島からの香辛料密輸をふせぐとともに、マカッサルの交易を独占し、東インドネシア全体での政治的・軍事的地位を強化した。

西スマトラでは、一六世紀初頭からアチェ王国が勢力を拡大して、マレー半島にも進出するなどしていたが、一六四一年にマラッカをポルトガルから奪い、マラッカ海峡の制海権を握ったオランダは、まずアチェを圧迫して西スマトラの胡椒交易の独占権を確保した。スマトラ東岸ではジャンビを暴力的におさえて、一六八〇年代までには胡椒の独占に成功した。

ジャワ島では、バタヴィアからオランダを軍事的に駆逐することは困難であると考えたマタラムは、オランダに米と造船用の木材を提供するなど、融和をはかりつつ、島内の支配を拡大し、一六四〇年代にはバタヴィアとバンテン王国を除くジャワ全土を支配下におさめたが、一六七〇年代には大規模な反乱に遭遇し、オランダの介入によって、かろうじて反乱を収めることができた。これによって、中・東部ジャワに対するマタラムの支配は回復されたが、その後のマタラムは、オランダの監視下に置かれ、主要交易品の独占権を握られ、自立性を失った存在となった。また、最後までオランダの圧力に抗して自立的な交易を展開してきたバンテン王国も、一六八〇年代には、オランダの交易独占圏に組み込まれた。

かくしてオランダは、インドネシア海域における交易独占権を確立した。武力を用いた交易独占は、この海域の基調だった自由な交易体制の根本的否定であった。

四　「交易の時代」の大陸部諸国家

1　タウングー朝によるビルマ再統一

ビルマでは、一三世紀末のパガンの崩壊後、内陸のビルマ人主体のインワ（アヴァ）と海域のモン人主体のペグーが分立した。ベンガル湾交易の活性化で、ペグーは、マラッカとインドとの仲介貿易地として栄えたが、ここからの輸出品は、北部ビルマやシャン高原、北タイの森林生産物などで、これらは、シッタン川を利用してペグーに運び込まれた。このルートの要衝に位置したのがタウングーで、一五世紀末には、ビルマ人の間では、インワの勢力が衰退し、タウングー勢力が台頭してくる。

第二代のダビンシュエーディー王（在位一五三一〜一五五〇）のもとで、タウングーの勢力が強大化し、港市国家への食糧供給力をもとにエーヤーワディー・デルタを支配下に置き、さらに一五三九年にはペグーを征服し、ここに遷都して、パガン朝崩壊後二五〇年ぶりにビルマの統一を回復した。シャン高原、北タイ、北ラオスの森林生産物をペグーに集積しようとしたタウングー朝は、物資搬出路をめぐってアユタヤ朝との抗争を繰り広げることになる。第三代のバインナウン王（在位一五五一〜一五八一）のもとで、一五六九年にはアユタヤを攻略し、北西のマニプールから北東のチェンマイやヴィエンチャン、南東のアユタヤに至る広範な版図を形成した。

しかし、その後ペグーは土砂の堆積により港市としての機能を失い、ベンガルに設置された西洋諸国の商館も、ペグーを経由せずベンガル湾を跨いでマラッカと直結したことにより、国際交易におけるペグーの地位は大幅に低下した。一六世紀末にタウングー朝はいったん断絶し、一七世紀初頭にバインナウン王の息子のもとで、ニャウンヤン朝(復興タウングー朝)として復活する。この王朝は、王都をインワに置き、平原部に基盤を戻し、内陸へ勢力を伸ばした。一七世紀半ばには、アユタヤをはじめとする隣国と安定した関係を結び、全盛期を迎えた。山間の盆地群のタイ系の小国家は、シャンやラーンナー(チェンマイ)がビルマの支配下に置かれた一方で、ラオスのラーンサーンはアユタヤと連携してビルマに対抗し、勢力を維持した。

2 ベトナム――黎朝から内乱の時代へ

一四二八年にベトナムの独立を回復して成立した黎朝では、対明抵抗を指導し王朝を開いた黎利(レ・ロイ、黎太祖、在位一四二八〜一四三三)と同じタインホア地方出身の「開国功臣」と、この勢力を抑えて皇帝権力を拡大しようとする、科挙試験で登用された者を中心とする紅河デルタ出身者との対立で、不安定な状況が続いた。

黎朝の支配は、第四代の聖宗《せいそう》(在位一四六〇〜一四九七)の時代に、ようやく安定した。黎朝は、長期の戦争で流民化した人々を、紅河デルタ下流の未耕地に入植させ、社と呼ばれる行政村ごとに農民を登録して、公田(官田)と呼ばれた国有田を分配して耕作させた。社は、納税、賦役、徴兵を行う単位として機能した。均質な小農に基盤を置く農村共同体が形成され、こうした社会を維持するための儒教(朱子学)の普及と、皇帝の独裁を可能とする科挙官僚制度や、黎朝刑律に代表される法制度の整備が行われた。

科挙試験は、聖宗のもとで定期的に行われるようになり、科挙官僚が人数も増え、朝廷内での地位も拡大していった。この科挙試験合格者の中では、紅河デルタの出身者がやはり大きな比重を占めた。

対外的には、黎朝は、大越の「中華帝国」化のために、ラオスのラーンサーン王国への出兵など、周辺に威を示す軍事行動を行うが、聖宗が一四七〇~一四七一年に行ったチャンパーへの親征は、それまでの略奪ではなく、明らかにその征服を意図した軍事行動だった。ヴィジャヤ以北を大越に奪われたチャンパーは、現在のニントゥアン、ビントゥアンに位置したパーンドゥランガにその中心を移した。ここに、大越とチャンパーの国力が拮抗する状態に終止符が打たれた。この攻撃には、折からの「交易の時代」の到来で、南シナ海貿易の要衝となった現在のベトナム中部を支配するという意図があったと考えられている。

この時期、明の海禁政策のために、中国製の陶磁器の輸出は激減していたが、国際市場でその需要が後退していたわけではなかった。これは、ベトナムにとっては好機だった。紅河デルタのナムサック地方などで生産されたベトナム青花《せいか》(染付)は、黎朝期には大規模に輸出されるようになった。

聖宗時代の中央集権化の過度の進展は、聖宗の死とともに、科挙官僚の進出で勢力が削られていたタインホア勢力の反撃など、宮廷内抗争の激化という混乱を招くことになった。このような状況で、一五二七年には、ナムサック出身の武人である莫登庸(マク・ダン・ズン)によって新王朝(莫朝)が建てられ、黎朝は断絶する。

しかし、紅河デルタに基盤を置く莫氏の試みには、タインホア勢力が抵抗し、ベトナムは内乱の時代に入っていく。一五三三年、タインホア勢力の武将阮淦(グエン・キム)は、黎朝の末裔を擁してラオスで莫氏に反旗を翻した。タインホア勢力の中心は、阮淦の死後は鄭(チン)氏に移り、鄭氏は一五九二年にはハノイを落とし、黎朝の中興を果たす。

その後、莫氏は、中国国境に近いカオバンにこもり、ここで一六七七年まで鄭氏への抵抗を続けた。この間、阮淦の子が、クアンビンからクアンナムにかけての現在のベトナム中部地域に割拠して、半独立政権を築いた。これを広南(クアンナム)の阮氏政権と呼ぶ。

北部も実権は鄭氏が握っていたが、建前としてはチュア(皇帝に代わる権力者)と呼ばれた鄭氏も阮氏も、黎朝の存在は認めていた。かくして大越は、二つの政権(カオバンの莫氏を入れれば三つ)が対峙する、分裂の時代を迎えることになる。一六二七~一六七二年には両者の間で断続的に戦争が発生した。

広南の阮氏政権も北部の鄭氏政権も、国際交易には積極的に関与した。まず、阮氏政権だが、一六世紀末から一七世紀はじめにかけての日明貿易が断絶した時期に、現在のベトナム中部、特にホイアンが、中国と日本の船の出会い交易の場として脚光を浴びた。当時日本では阮氏政権を安南国と呼んでいたが、徳川幕府と安南国との書簡の往来は一六〇一～一六三二年の間に、幕府側から一五通、安南国側から一九通にのぼり、幕府がアジア地域で最も多く書簡を交わした相手の一つだった。

いっぽう、当時、東京(トンキン)と呼ばれたベトナム北部は、明清交替の混乱で中国からの絹製品の輸出が減少した時期に、それに代わる生糸・絹織物の生産地として注目された。日本の鎖国以前は朱印船が、鎖国後はオランダ東インド会社の船が、長崎に向けて大量のベトナム産絹製品を運んだ。しかし、一六七〇年以降、ベトナム北部と日本の間の貿易も衰退する。阮氏と鄭氏の内乱は、この日本との貿易の最盛期、両者が貿易上のライバルであった時期に展開された。

3 ラオス

タイ系のラオ人によるラーンサーン王国は、一四世紀半ばに、メコン中流域で建国された。ラーンサーンは明に朝貢した。その後一六世紀後半には、ビルマのタウングー朝のバインナウン王による攻撃にさらされ、一時、服属を余儀なくされたが、タイ系の小国家の中では最もビルマから離れていたこともあって、人的資源を奪われることはなかった。復興タウングー朝の時期には、ビルマからの攻撃はなくなり、一七世紀にはラーンサーンは平和を享受することができた。

ラーンサーンには、金や安息香《あんそくこう》など、西洋人の関心を引く産物もあったが、内陸国家で交通の便もよくないことから、比較的軽量の奢侈品が取引の対象となった。アユタヤ朝は、ラーンサーンの交易活動が活発になるのを望まず、ラーンサーンの商人はアユタヤで自由な商売を許されず、他の外国商人同様、安い価格でアユタヤの支配者に商品を売らなければならなかった。また、アユタヤは、外国商人が直接ラーンサーンと取引することにも反対の姿勢をとった。

4　カンボジア

一四世紀のアユタヤ朝による攻撃で王都としてのアンコールを放棄せざるをえなくなった後も、カンボジアはメコン水系とトンレサップ水系を支配できる地理的優位を保ち、一六世紀末以降の対日貿易の盛況に対応していく。一七世紀初頭、チャイチェッター王はトンレサップ水系のウドンに都を建設し、外港ポニェルーはオランダ人、日本人、チャム人などが集まる交易の拠点となり、日本人町も築かれた。その下流のトンレサップとメコン川との合流点プノンペンは、中国人が集まる港市として発展した。

五　マレー・イスラム世界の展開

「交易の時代」を通じて、島嶼部東南アジアの沿岸一帯には、交易言語としてのマレー語とイスラムとを共有する交易世界が生まれた。これを「マレー・イスラム世界」と呼ぶ。この世界の担い手は、民族的には多様で、マラッカ海峡両岸のマレー人、アチェ、ジャワ、ブギスなどのインドネシア海域の諸民族、さらにはインドや中東から来たムスリム商人も含まれた。

すでに述べたように、当初のセンターはマラッカだったが、マラッカがポルトガルに占領されてからは、ムスリム商人のネットワークは拡散し、多くのイスラム港市が栄えることになった。マレー半島南端のジョホール王国は、マラッカ王族主従によって建国された、マラッカ王国の再建という意味をもつ王国だったが、その勢力は、一七世紀初頭にはアチェ王国に圧倒されるようになる。

アチェ王国は、一六世紀に、スマトラ産の胡椒の流通を掌握し、その輸出を通じてマラッカ海峡の交易センターとして台頭した。東南アジアのイスラムの中心地を標榜し、イスラムを敵視するポルトガル領マラッカとの対決姿勢を鮮明にする一方で、オスマン帝国との関係強化をはかっていた。アチェは、一六一三年にはジョホールの王都に侵攻するなど、ジョホール王国の脅威となっていた。

このジョホールの窮状を救ったのはオランダで、ポルトガルからマラッカを奪取しようとしたオランダは、ジョホール王国とは協力関係を結び、一六四一年のマラッカ奪取後は、ジョホールとアチェの和解を仲介した。

一七世紀半ば以降は、アチェ王国が、オランダに胡椒交易の独占権を奪われて衰退する一方で、オランダから航行許可証の無償給付や関税免除などの特権を認められたジョホールは、スマトラ東岸の諸港市の一部にも支配を拡大した。胡椒や金などスマトラ内陸のミナンカバウ産品とマレー半島の錫を国際市場に供給する役割を担って、一七世紀後半には、オランダ領マラッカをしのぐ東南アジア有数の港市国家として繁栄した。

しかし、オランダが香辛料交易の優位を確立した一六七〇年代末には、ヨーロッパ市場で香辛料価格の下落が起こった。世界的な規模での景気拡大が終わりを迎えたのである。東アジアでも、日本の鎖国に加えて、中国でも明清交替(一六四四年)による政治混乱の中で海禁体制が強化された。一六六一年に清朝は、清への抵抗を続ける鄭成功《ていせいこう》の海域勢力を抑えるため遷界令《せんかいれい》を出し、海上封鎖を行った。これにより、南シナ海の交易全体が大打撃を受けた。交易の衰退は一時的だったものの、「交易の時代」には終止符が打たれることになったのである。

第4講

東南アジアの近世

18世紀～19世紀前半

ラーマ1世像(バンコク)

	東南アジア	世　界
1684		清，遷界令緩和
1708	鄭玖，ハティエンの領主に	
1720年代後半	ジャワ，コーヒーの義務供出制度実施	
18世紀中頃		イギリスで産業革命始まる
1752	ビルマ，コンバウン朝成立	
1757		プラッシーの戦い，イギリスのインド支配強化
1767	コンバウン朝ビルマ，アユタヤ占領 シャム，タークシンがトンブリー朝を興す	
1775	呉譲，ソンクラーの領主に	
1776		アメリカ合衆国独立宣言
1782	シャム，チャクリがラタナコーシン朝を興す	
1786	イギリス，ペナン獲得	
1788	ベトナム，西山朝成立	
1789		フランス革命勃発
1802	ベトナム，阮朝成立	
1811～1816	イギリス，ジャワ占領	
1819	イギリス，シンガポール占領	

一　東南アジアの近世の規定要因

1　「海の時代」から「陸の時代」へ

一八世紀から一九世紀前半にかけての東南アジア史は、「交易の時代」の繁栄が終焉を迎えてから、植民地支配下に置かれるまでのはざまの時代として、以前はあまり関心が寄せられてこなかった。しかし、近年は、この時代を、近現代を直接規定する諸要素が形成された時代＝「近世」として再評価する流れが定着してきている。

こうした見直しのきっかけになったのは、二〇世紀末以降の東アジア・東南アジアの経済発展である。それによって、それまでの、停滞していたアジア社会の「近代」は産業革命を成し遂げた西洋によって外からもたらされたという歴史観が見直され、アジア史において、前近代と近代の断絶ではなく連続性への注目が高まるようになったのである。

この時代の東南アジア史の展開に大きな影響を与えた要因の第一は、清朝中国の繁栄と、それに伴うアジア域内交易の発展である。中国の人口は、一八世紀の一〇〇年間に一億数千万人から約三億人へと、ほぼ倍増した。その人口増加とそれに伴う経済の拡大によって、中国は米や砂糖などの食料をはじめ、銀・錫などの鉱産資源や棉花などの原料を東南アジアに求めるようになった。また、中国は、ヨーロッパに絹や茶を輸出することで、前世紀よりもいっそう大量の銀が流入し、経済成長を促進することになった。

また、鄭氏制圧後の遷界令の解除（一六八四年）と、中国市場の安定と多様化によって、東南アジアと中国との交易が発展する一方、中国からは、大量の華人が東南アジアに進出するようになった。その中には、従来の、中国と東南アジアを結ぶ貿易商人に加えて、錫・銀・砂糖などの対中国輸出品の生産に従事する経営者、労働者も含まれるようになった。そのため、この時代は「華人の世紀」とも呼ばれる。

第二の要因は、一八世紀半ば以降本格化する産業革命で経済力をつけたイギリスの進出である。一八世紀初頭の段階では、インドの綿織物、中国の茶など、イギリスの貿易構造はアジア産品に依存したものだったが、産業革命を経て、イギリス産の綿織物がインドなどに輸出されるようになった。一七五七年のプラッシーの戦いで、インド進出を本格化したイギリスは、中国市場への進出路として東南アジアへの関心、なかでもマレー半島、シンガポールへの関心を高めていく。しかし、イギリス産綿織物の中国市場での売れ行きははかばかしくなく、一九世紀初頭以降は、綿織物（イギリス→インド）、アヘン（インド→中国）、茶（中国→イギリス）の三角貿易が行われるようになった。

これと並んで注目されるのは、ヨーロッパと北米で、一七世紀半ば以降、茶・コーヒーを楽しむ喫茶の習慣が広がるようになったことである。これは、東南アジアでのコーヒーや砂糖の増産を促すとともに、中国茶を広東で購入するヨーロッパの貿易業者が、しばしば東南アジア製品を対価としたことから、東南アジアと中国との関係の拡大ももたらした。

もっとも、一八世紀後半から一九世紀初頭にかけては、一七七六年のアメリカ合衆国の独立とそれに伴う戦争、第四次英蘭戦争(一七八〇〜一七八四年)、一七八九年のフランス革命から一八一四〜一八一五年のウィーン会議までの革命戦争・ナポレオン戦争、一七九一年のハイチの独立革命にはじまり一八二〇年代に頂点に達する中南米諸国の独立などにより、イギリスを含めたヨーロッパ諸国には、アジア貿易に多くの人と資源を投入する余裕はなかった。

以上のような情勢の中で、東南アジアの近世には、次のような変化が生まれた。まず、輸出品の性格の変化で、従来の稀少性を武器にした商品ではなく、中国やヨーロッパなどの市場で大量に消費される商品が大きな役割を果たすようになった。農作物の場合、こうした商品作物の栽培には耕地の確保が必要なことから、土地の開発と支配が大きな意味をもつようになり、「交易の時代」の「海の世界」の優位から、「陸の世界」の優位への変化が起きていく。そして、華人の参入もあって、フロンティアの開発が進み、様々なフロンティア空間が生まれた時代から、しだいに、各地の中央政権が強化される時代へと変化していく。オランダ東インド会社の「陸上がり」といわれるように、ヨーロッパの香辛料ブームが去って経営が悪化したオランダ東インド会社も、ジャワ島内陸部の支配拡大に乗り出す。フィリピンを支配していたスペインも、ガレオン貿易が衰退すると、商品作物の開発を試みる。大陸部では、混乱を経て成立したビルマのコンバウン朝(一七五二年成立)、シャムのラタナコーシン朝(一七八二年成立)、ベトナムの阮朝(一八〇二年成立)は、それぞれ、今日のミャンマー、タイ、ベトナムの版図の基礎となる領域を支配した。

コンバウン朝や阮朝は、やがてイギリスやフランスの植民地支配に屈服していく王朝であるため、従来は、その脆弱性が注目され、欧米勢力に屈服せざるをえなかった「衰退期の封建王朝」と見なされることもあった。しかし今日では、現在の国土の土台を築いた面が注目され、むしろ近代につながる基礎が築かれた時代として評価されるようになっている。

2 「華人の世紀」

上述のように、この時代は、多くの華人が東南アジアに進出した。その中には、稲作、製糖業、鉱業などの生産活動に従事する人もあり、華人の現地化も進行した。

これらの現地化した華人は、「メスティーソ」(フィリピン)、「ババ」「プラナカン」(インドネシア、マレー)、「ミンフオン」(ベトナム)などと呼ばれた。米を中心として中国への輸出品を多くもつシャムでも、華人政商が、輸出品の生産や交易に携わる華人と連携して勢力を拡大した。一七六七年、ビルマのコンバウン朝によってアユタヤ朝が滅ぼされた後、ビルマ軍を駆逐してトンブリー朝を築くタークシンは、潮州系の出身で、こうしたシャムの華人勢力の中心人物だった。

マレー半島東岸のソンクラーでは、一七七五年に福建系の呉譲が、タークシンからこの地の統治を委ねられ、シャムにとってのマレー半島の橋頭堡として、南方のイスラム諸国ににらみをきかせた。呉氏は、ツバメの巣の徴税官で、以降八代にわたりソンクラーを統治するが、イギリスのマレー半島支配が進むとともに、その政治的意味は減少した。

ベトナムの広南阮氏のもとには、鄭玖《まくきゅう》など、清の支配をきらって中国を脱出した明朝遺臣がやってきた。阮氏政権は、これらの華人勢力をメコン・デルタの開発に利用した。一七世紀末に阮氏政権が進出したサイゴン(プレイ・ノコー、現在のホーチミン市)では、チョロンに華人街がつくられた。ベトナム人、カンボジア人、華人、チャム人などが入り混じった、開放的でコスモポリタンな新しい世界が、メコン・デルタというフロンティアに誕生したのである。その都市経済の形成、国際商業世界への参加を主導したのは、広東系を中心とする華人だった。

一八世紀に入ると、アユタヤと中国の間のジャンク船交易が活発になり、シャム湾が国際交易で重要な意味をもつようになり、現在のベトナム南部のカンボジアとの境界に位置するハティエンが中継港として台頭する。鄭玖は、一七〇八年に広南阮氏からハティエンの支配権を認められ、二代目の鄭天賜《まくてんし》の時には、軍事、外交、通貨発行など広範な自治を許され、事実上の華人王国を形成した。鄭氏の王国は、カンボジアにとっての海への出口、中国にとってのシャム湾の情報センター、ベトナムにとってのメコン・デルタおよびカンボジアへの進出の橋頭堡としての位置を占めた。アユタヤの滅亡後はシャム方面にも勢力を伸ばしたが、これはタークシンとの衝突を招き、一七七一年にはその攻撃によって、ハティエンは破壊された。

華人が中国向けの輸出品の関税の徴税権や、アヘンなどの専売の免許を国家から買い取ることを、徴税請負と呼ぶ。華人有力者が、徴税請負人として中央政権に収入をもたらすことで地位を確保する一方で、税の管理者として華人コミュニティへの支配を強化する現象は、シャムだけでなく、オランダやイギリスの植民地統治下にもみられた。

また、華人は商業や鉱業の分野で公司《コンス》と呼ばれる会社組織をつくった。ボルネオ島のポンティアナクでは、一七七七年に客家《ハッカ》系の羅芳伯《らほうはく》が金鉱山開発のために蘭芳《らんほう》公司を設立し、現地のイスラム政権に並び立つ華人都市政権を樹立した。

華人の急激な進出は、現地政権の警戒を招く場合もあった。バタヴィアでは、一七四〇年に華人虐殺事件が発生し、同じく一八世紀半ばには、対中国貿易の多角化をはかるスペインが、マニラの非カトリック系華人の追放に乗り出した。また、ベトナム北部でも、中越国境地帯の山地で、華人経営者が大量の華人労働者を投入して銀鉱山開発にあたり、ベトナム側の警戒を招くようなこともあった。こうした中で、一八世紀後半以降、華人の多くは、フィリピンのメスティーソやインドネシアのプラナカンのように、現地社会に同化することによって生き残る道を歩むようになる。そして、一八世紀に各地に生まれた華人の自律的な政治・軍事勢力の多くは、一九世紀半ばまでには、その固有の政治性を喪失していった。

3　海域世界での周辺勢力の台頭

海域世界では、「交易の時代」に繁栄した商業中心が衰退ないし崩壊し、それに代わって周辺勢力が台頭してくる。

アチェでは、王国の配下にあった、内陸の胡椒生産地の地方首長層(ウレーバラン)の自立性が高まった。西スマトラでは、内陸盆地から胡椒、ガンビール(生薬の原料)、コーヒー、米などを港市に搬出していたミナンカバウ人の勢力が台頭し、シアクに独立した王国を築いた。シアクは、対中国貿易の重要な輸出品となる胡椒や森林生産物の積み出し港として、一八世紀後半には繁栄する港市になった。同じスマトラの内陸民のバタック人も、海域世界との関係を強めて勢力を拡大した。経済活動で財を蓄えた内陸民の中には、メッカに巡礼に行く人も出現し、イスラム法の遵守を説く改革思想が流入した。重要な交易相手に非ムスリムがいる港市に比べて、内陸部は、イスラムへの純化を主張する運動の展開には適していた。市場活動の秩序と安全を希求する内陸のミナンカバウ地域やバタック地域には、パドリ運動と呼ばれるイスラム改革運動が広がった。

今一つ、一八世紀の海域東部で目立ったのは、ブギス人の台頭である。ブギス人は、もともとスラウェシ海の「海の民」だったが、オランダのマカッサル占領後、マラッカ海峡に移住していた。マラッカの後継イスラム王国として繁栄したジョホールでは、一七世紀末に王家が断絶すると、リアウ諸島に拠点を置くブギス人の勢力が拡大し、ジョホールのマレー人王権と連合して、一八〜一九世紀前半のマレー・イスラム世界のネットワークで大きな役割を果たした。

いっぽう、南シナ海をめぐる海域では、オランダ勢力の海からの撤退、対中国貿易の活発化、イギリスの東インド会社には属さない私貿易商人であるカントリー・トレイダーの進出などによって、ボルネオ島とフィリピンの間に広がるスールー海域で、スールー王国(スールー島)、マギンダナオ王国(ミンダナオ島南部)のイスラム王国が繁栄した。一八世紀後半には、スールーには、中国船やイギリス船だけでなく、マカオのポルトガル船やマニラのスペイン船も来訪し、南シナ海東部の交易の中心となった。

こうした周辺勢力の台頭は、フロンティア開発の時代としての一八世紀に特徴的な出来事だったが、華人勢力同様、一九世紀に入ると変化を余儀なくされる。パドリ運動はオランダ支配のスマトラ全土への拡大に伴い抑え込まれ、リアウはイギリスの優位が確立する中でシンガポールにネットワークの中心的地位を奪われ、スールー世界は、イギリス支配下のボルネオ、オランダ支配下のモルッカ海峡地域、そしてスペイン(のち米国)領のフィリピンによって分断され、ふたたび周辺的地位に押し込められていくことになった。

二　大陸部の近世国家の展開

1　ビルマ――農業国家コンバウン朝

「交易の時代」終焉後の交易活動の一時的停滞の後、一八世紀前半になると、チーク材や棉花の輸出によって、ベンガル湾交易はふたたび活性化し、モン人や華人などビルマ沿海部の国際的・商業的勢力が力を得て、平原ビルマのインワを都とする復興タウングー朝を脅かすようになり、一七五二年にこれを滅ぼした。しかし、大陸部でも、後背地の内陸・平原勢力の優位の時代を迎えており、平原部のシュエボーの首長アラウンパヤー（在位一七五二～一七六〇）が、平原のビルマ人を統一し、沿海部の勢力を打ち破って、コンバウン朝を開き、一七五七年までには平原部と沿海部を統一した。これは、港市的・国際的な文化に対する、小農的・内向的な文化の勝利だった。

その後のコンバウン朝の王は、ビルマ人の居住地域を越えて勢力の拡大をはかった。第三代のシンピューシン王は、インワを王都とする一方で、アユタヤ朝に侵入し、一七六七年にはアユタヤを陥落させた。この遠征の途中で、東部のシャン高原のシャン人の首長に対する支配を強めたことが、清の反発を招き、四回にわたる衝突が発生した。第六代のボードーパヤー王（在位一七八一～一八一九）の時代に、コンバウン朝の版図は西方のアラカン（ラカイン）地方まで達した。東方では、シャムのラタナコーシン朝との間で戦闘を繰り返したが、これを通じてほぼシャムとの間の境界が固まることになった。こうして、コンバウン朝のもとで、ほぼ今日のミャンマーの国土に相当する地域を支配下におさめることになった。

コンバウン朝のもとでは、海上交易の中心としてラングーンが、ビルマからの木材の輸出、インドからの綿織物の輸入で繁栄し、陸路での対中国貿易ルートも活況を呈し、ビルマからの棉花の輸出、中国からの絹の輸入が行われた。こうした対外経済の発展によって、国内の経済活動の「貨幣化」が進み、銀とその合金が、取引や納税の際に使用されるようになった。コンバウン朝のもとで、中央政権による地方統治の実効化も進み、ミョウという地方行政単位が置かれ、ダヂーという在地の支配者があらためてその首長に任命されて、徴税や徴兵を行うようになった。

こうして、ビルマは、他の東南アジア諸国に比べて、国家を単位とする徴税システムと経済圏の形成が早く進んだ。一八二〇年代に入ると、熱帯産物の価格下落や一部の地域では銀の高騰によって、交易からの利潤を得にくい状況が生まれるが、大きな農業社会をもつビルマの場合、交易が国家財政に占める割合はそれほど大きくなく、銀の流出といった事態は発生しなかった。むしろビルマの危機は、コンバウン朝の精力的な領土拡張政策が、英緬戦争に至るイギリスとの軍事衝突を招くことによってもたらされる。

2　ベトナム——西山朝から阮朝へ

前講に述べたように、「交易の時代」のベトナムは、南北ともに日本市場に依存していた。日本市場の縮小と中国の復興によって、一七世紀末には、ベトナムの対外交易は衰退する。「交易の時代」の繁栄が去ると、ベトナム北部は、農業以外に頼るものがない状況に再び直面した。いったん天災が発生すると、大量の流民が発生する。村落は、村で養いきれなくなった人々を流民として切り捨てつつ、これらの人々の土地を集積し、公田に対する管理権を掌握して、国家に対する自律性を強めていく。中央政府にとっても、地主や武人などの中間権力を抑えられる村落の権限強化は都合がよかった。ここに、現在まで北中部ベトナムに見られる強固な村落共同体が形成されたと考えられ、東南アジアでは珍しい、国際商業性に乏しい小農的自給社会が紅河デルタを中心に形成された。

これに対して、広南の阮氏政権の方には、南進による領域の膨張という選択肢があった。一七世紀末には、チャンパーを属国化し、クメールの内紛につけこんでサイゴンまで進出し、先に述べたような明朝遺臣の華人勢力を利用して、メコン・デルタへの進出を開始した。

しかし、阮氏政権は、こうした南への膨張だけですべての問題を解決できたわけではなく、一七世紀後半以降、その旧来の支配地域では徴税が強化され、これに対する反発が広がった。その一つであった、一七七一年に現在のビンディン省の西山(タイソン)で起きた阮氏三兄弟(広南阮氏と区別して西山阮氏と呼ぶ)の反乱は、大きな変動をもたらすことになった。この西山の反乱の背景には、重税への農民の反発に加えて、内地への支配拡大に対する山地民の反発や、ビンディンのフエを中心とする経済圏への反発などがあったといわれる。西山の反乱による広南阮氏の苦境を見て、北部の鄭氏は一七七五年にフエを占領し、広南阮氏はサイゴンに逃れた。これを西山阮氏が討ち、広南阮氏政権は滅びた。

一七八六年以降、ベトナム史の流れは統合へ向かう。西山阮氏の阮恵(グエン・フエ)は北上して、一七八六年にハノイの鄭氏政権も滅ぼした。黎朝の昭統(チェウトン)帝は、中国に亡命して清軍を引き入れたが、阮恵は一七八八年に西山の光中(クアンチュン)帝と称して帝位につき、北上して清軍を打ち破った。ここに黎朝も滅亡したのである。

広南阮氏一族の生き残りの阮映(グエン・アイン)は、シャム、カンボジア、ラオス、華人、フランスなど、当時のシャム湾交易に関係していた諸勢力の支援を得て勢力を回復し、一七九二年に西山の光中帝が死去すると、本格的な反攻に転じ、西山朝を滅ぼして、一八〇二年に阮映が嘉隆帝(ザーロン、在位一八〇二〜一八二〇)として即位して阮朝をたて、フエを都とした。今日のベトナムの版図に近い、南北に細長く伸びた国土を統一的に支配する政権が誕生した。

阮朝は、これまでのベトナムとは国土の広さも全く異なる大きな国家であるという意識を持っていた。一八〇四年に清朝から「越南(ベトナム)」という国号を認められるとともに、一八三八年からは、従来の「大越」に代わって「大南」という自称を採用した。阮朝は、その多元性をもった国土の統合のためにも、今まで以上に自らが「中華」であることを、強く自己主張したわけである。

阮朝の都はフエに置かれたが、北部と南部は、それぞれ北城総鎮、嘉定総鎮のもとで、大幅な自治が認められていた。特に嘉定総鎮では、華人やヨーロッパ人を含む外国商人が優遇されるなど、商業的な開放的空間に適合した政策が採用された。

しかし二代目の明命帝(ミンマン、在位一八二〇~一八四一)になると、総鎮を廃止して全国に省・州を置くなど、中央集権化と全国一律の統治体制構築が図られた。明命は、紅河デルタで生まれていた均質的な小農が形成する自給的村落を基盤とし、儒教イデオロギーによる社会秩序の形成をめざし、対外的には鎖国政策に転じ、国内で増大していたカトリックに対しても迫害が加えられるようになった。

ベトナムの「中華帝国」化を進めた明命は、カンボジア・ラオスに対する覇権をめぐって、シャムと抗争を繰り返すようになった。特にカンボジアに関しては、一八三四年以降、実質的にはベトナムの占領下に置かれ、ベトナム化が試みられたが、シャムとそれが支援するカンボジア王族の抵抗を排除できず、結局は一八四五年にはシャムが擁立してきたアン・ドゥオンの即位に同意して、カンボジアから撤退した。

メコン・デルタに対しても明命は、検地を実施し、紅河デルタと似た方法で土地管理を強化し、米の輸出を禁止しようとしたが、大土地所有者が徒党を組んで国家管理に抵抗したため有効に機能せず、商業的な稲作が引き続き維持された。

国際的な銀の流通が拡大した一八世紀、北部の山岳地帯の銀鉱山の開発も進み、送星(トンティン)鉱山などは、大規模な華人労働者によって開発され、華人による乱開発と資源流出を鄭氏政権は十分制御しきれなかった。阮朝は、華人や山地民に鉱山開発を請け負わせる一方で、鉱山税を徴収するシステムを導入して、鉱山の管理を強化しようとしたが、鉱山税の徴収は少額にとどまり、華人による銀の持ち出しが続いた。中国で銀価格が高騰する明命期には、ベトナムでも銀価が高騰し、阮朝は、銀輸出禁令を出す一方で、送星銀山などを請負人の仲介によらない、国家の直接管理下に置いた。しかし、華人の技術ぬきには鉱山開発の成果はあがらなかった。

阮朝は、銀の流通が拡大する国際経済に積極的に対応しようとした。嘉隆帝は、俸給支払いなどの公費支出に銀を用いる一方、租税を銀納にした。もっとも銀納は一部にとどまり、明命期になると、銀価格の高騰で、租税の一部は現物納か銭納に戻された。それでも華人や山地民に対する人頭税と関津税(内国関税)などは、銀納が継続された。また、明命期の一八三二年には、銀貨が大量に鋳造され、貿易に関しても官船貿易を実施して、華人の貿易を統制する試みが実施された。こうした施策によって、しだいに銀は王都フエに集中するようになり、地方勢力の経済力は減少し、一八三〇年代には、財政を含む中央集権的な統治体制が全国的規模で整った。

もっとも、版図の中に多様な地域を組み込んだベトナムを、一元的な秩序によって統制するには限界があった。メコン・デルタの商業稲作を基盤とした、華人商人による米の対中国輸出は増大し、銀の流出にも歯止めはかからなかった。

3 シャム――トンブリー朝からラタナコーシン朝へ

一七二〇年代に清がタイ米の輸入を開始すると、アユタヤ朝の対外交易の中心は、ベンガル湾から南シナ海に移り、この対中国交易の担い手であった華人が、宮廷や官僚層の中でも台頭した。ビルマからの攻撃に直面したアユタヤでは、それまでは対中国交易の業務代行者だった華人までもが、対ビルマ防衛戦の担い手として、多数行政機構に組み込まれた。タークシンは、潮州系華人の父と、シャム人の母の間に生まれ、一七六七年にビルマの攻撃でアユタヤが陥落すると、まずシャム湾沿岸都市の掌握に乗り出し、シャム湾から南シナ海にかけての交易網へのアクセスにめぐまれた、チャオプラヤ川河口に近いトンブリーで国王として即位した。トンブリー朝の成立である。

一七六六年以降、雲南国境をめぐって清とビルマとの間で紛争が発生し、ビルマからの軍事的圧力が軽減した。国内を統一したタークシンは、シャム湾・南シナ海交易の覇権争い、清からアユタヤ朝の後継者として認められる正統性をめぐる争い、ハティエンの鄭天賜との戦いにも勝利を収めた。しかし、清朝がタークシンを「アユタヤの王」として公認する姿勢をみせた一七八二年、タークシンを「精神異常」と主張する勢力の反乱で処刑され、かわってチャオプラヤー・チャクリが、ラーマ一世（在位一七八二〜一八〇九）として即位し、トンブリーの対岸のバンコクに新しい王朝を開いた。これが、今日まで続くラタナコーシン朝（チャクリ朝）である。

初期のラタナコーシン朝にとっては、引き続き中国との関係が対外政策の中軸であった。ラーマ一世が清朝からの冊封を受けるのは一七八七年で、以降一八三〇年代まで、シャムはほぼ毎年中国に朝貢使節を派遣し、朝貢に伴う中国側からの「下賜品」や交易による利益は、ラタナコーシン朝の支配者にとっては最大の収入源となった。ラーマ一世はまた、アユタヤ朝を模範とした上座部仏教王権への回帰を志向した。

一八二〇年代に入ると、対中国貿易は不振となり、王室独占貿易で国家財政を潤すことは困難になっていった。ラタナコーシン朝は、歳入として地方からの物納税を重視し、華人を徴税請負人とする一方、地方統治の強化に乗り出した。また、一八二〇年代から四〇年代まで、カンボジアおよびメコン・デルタにおいて、阮朝ベトナムと覇権を争うが、これも税収および輸出品確保を目的としていた。ラタナコーシン朝は、独自の銀貨鋳造も行った。

4　カンボジア——二水系の統一

ポスト・アンコール時代のカンボジアは、平原のネットワークの集約点であるアンコールから、トンレサップ、メコン両水系を通じた海のネットワークの集約点である南東部のプノンペン付近へと、その中心を移動させた。両水系に依拠する勢力どうしの対立は、ベトナムとシャムという二つの外部勢力の干渉と結びつき、一七世紀後半には、シャムの支援を受けるウドンの正王と、広南阮氏の支援を受けるプレイ・ノコー(サイゴン)の副王が対立した。その後もウドンの王権とメコン勢力の抗争が続き、それがシャムとベトナム間の絶え間ない戦争と結びついていたが、ヨーロッパ勢力の進出を目前にして、拡張主義の限界を感じたシャムとベトナムが一八四五年に和議を結び、カンボジアにはアン・ドゥオン王による統一が実現した。

5　ラオス――シャムによる介入

ラーンサーン王国は、一七世紀後半、スリニャウォンサー王のもとで、メコン中流のターミナルとして繁栄した。しかし、王の死後、ラーンサーン王国は、ヴィエンチャン、ルアンプラバン、チャンパサックの三王権に分裂し、一七七〇年代にはシャムの軍事力に屈して、その朝貢国となった。一八二七年ヴィエンチャン王国のアヌ王は、シャムへの反抗を試みるが失敗し、ヴィエンチャンは破壊され、ルアンプラバン、チャンパサックもシャムの服属国となった。

三　ヨーロッパ勢力の変化

1　オランダ東インド会社の「陸上がり」

ヨーロッパの香辛料ブームが一段落し、日本からの銀輸出も制限されるようになると、オランダ東インド会社の経営は悪化し、一八世紀に入ると、商品作物の開発に活路を求めるようになる。

胡椒に代わる新しい商品作物としてオランダが注目したのは、当時、ヨーロッパで飲用が一般化したコーヒーだった。オランダは、西ジャワの高地をコーヒー栽培地として選び、現地の首長層であるブパティと契約を結んでコーヒーを栽培させた。ブパティは、伝統的な賦役によって住民に栽培を強制し、生産されたコーヒーをオランダに納入する義務供出制度を導入し、これを通じて権力を強化した。

また、ジャワ中東部の盆地や沿岸地帯では、オランダはサトウキビの栽培に力を入れた。サトウキビを圧搾して汁をとり、精製する技術は中国から伝播し、砂糖の生産・輸出には華人が大きな役割を果たした。

もっとも、急増する華人はオランダの警戒を招き、一七四〇年には、バタヴィアで一万人余りの華人が虐殺される事件が発生した。以後、バタヴィアの華人は、プラナカンとして在地化の傾向を強め、農園経営主や徴税請負人としてオランダ東インド会社の地方支配の一端を担っていく。

マタラムの内乱に干渉して、ジャワ内陸部への支配を拡大したオランダは、一七七七年にはほぼジャワ全土の支配圏を確立した。このオランダ東インド会社の領域支配への転換は、「陸上がり」と呼ばれる。その後、ナポレオン戦争によってオランダ本国がフランスに占領された一七九九年に、東インド会社はナポレオンによって解散された。その後、イギリスによるジャワ占領を経て、一八一四〜一八一五年のウィーン会議の結果、オランダの支配が回復され、政府による植民地統治が行われることになった。

一八二〇年代後半には、オランダ政庁は、銀の高騰、流出や財政難に直面する。オランダは、一八二七年にジャワ銀行を設立し、銀貨の裏付けのない紙幣と銅貨を発行させた。

2　スペインのフィリピン支配

フィリピンでも、スペインによる領域支配が進んだ。そこでは、カトリック教会が大きな役割を果たし、行政官と聖職者が提携して統治が行われた。イエズス会、フランシスコ会、ドミニコ会などの修道会は、土地を集積して地主となった。

一七世紀後半以降、ガレオン貿易が衰えはじめると、スペインは、対中国貿易の多様化を図るため、専売制を導入して、タバコ・マニラ麻・サトウキビなどの商品作物の開発に力を入れた。ガレオン貿易の拠点だったマニラは、当時の島嶼部東南アジア最大の華人人口を擁していたが、スペインは、その中の非カトリック教徒の華人定住者の追放に乗り出した。マニラの華人は、カトリック化による現地化でこれに対処しようとした。以降、華人系メスティーソが台頭することになる。彼らは、地方にも進出し、土地開発で先導的な役割を果たした。

マニラ・中国間の貿易では、銀に代わって農産物が輸出の首位を占め、一八一五年にはガレオン貿易が停止され、一八三四年にはマニラが諸外国に対して開港された。

3 イギリスの本格的進出

イギリスも、すでに一六〇〇年には東インド会社を設立し、オランダとほぼ同じ時期に東南アジアに進出していたが、一六二三年のアンボン事件で敗退し、インド方面に活動の重点を移した。しかし一八世紀初頭、インドの綿織物、中国茶の輸入ブームで、イギリス東インド会社は再び力をつけた。

イギリスは、一七五七年のプラッシーの戦いによるベンガル地方の徴税権の獲得を契機に、インドでの領域支配の拡大に乗り出していく。イギリス本国で産業革命が起き、それまでとは逆に、イギリス製の綿織物がインドに輸出されるようになる。これによって、イギリスの対インド貿易は黒字になったが、対中国貿易は依然赤字で、かつその規模は対インド貿易の黒字を上まわっており、銀の流出に歯止めがかからなかった。この事態を打開するために、インド産のアヘンを中国に密輸するようになった。これによって、一九世紀初頭には上述の三角貿易が成立し、銀が中国からイギリスへ流出するようになった。

イギリスの東南アジアへの進出は、このインド・中国間の交易ルートの要衝だったマレー半島に沿って行われ、その主な担い手も、インド・中国間の交易に従事していたカントリー・トレイダーだった。

東南アジアにおいて最初のイギリスの拠点となったのは、一七八六年にクダ王国から獲得した、マレー半島のマラッカ海峡の小島ペナンだった。

シンガポールを建設したトマス・ラッフルズは、イギリス東インド会社の社員だったが、自由主義者だった。一八一九年、ジョホール・リアウ王権の継承争いに乗じてシンガポールを獲得したラッフルズは、ここを自由貿易港とすることを宣言した。ラッフルズは、重商主義から自由主義への転換を促進する役割を果たした。一八二四年にはイギリスの植民地となり、一八二六年にはペナン、マラッカとともに海峡植民地を形成し、一八三二年にはその首都となり、東南アジアにおける中継貿易港として急速な発展をとげた。

四　ゾミア

ゾミアとは、東南アジアの大陸部およびそれに境界を接する中国南部の、山地民が居住する地域をさす。最近、このゾミアに、あえて国家をもたず、国家を拒絶した人々が、その自由な意思で暮らす「避難場所」であるという意義づけを行い、近代的な領域国家に収斂するような社会論・歴史論を批判して、大きな話題を呼ぶ研究が出されている。

本講で取り上げた時代は、東南アジア史上こうした周辺地域が縮小し、拡張する国家権力に取り巻かれる時代だったとみることも可能であろう。

ただこの時代、東南アジア銀の最終集積地となったのは、中国南部からベトナムやラオスの北部の山岳地帯に広がるモン族(Hmong. 中国ではミャオ族と呼ばれ、前出のモン人 Mon とは全く異なる民族)の居住区だった。これは、一九世紀にモン族の間でアヘンの生産が広がったためだった。アヘンや良質の木材を販売した代価として、まさにこのゾミアの地に大量の銀が流入する。銀は、再び市場に還流するのではなく、その多くが「モンの王」と呼ばれた有力者のもとに蓄えられ、威信財として銀細工に加工された。東南アジアの山深い奥地でのこうした変化は、当時の銀をめぐる大きな世界史的動きの中で生じていたわけである。

第5講

植民地支配による断絶と連続

19世紀後半～1930年代①

ゴム栽培(タイ)

	東南アジア	世界
1824	第一次英緬戦争(〜1826) 島嶼部支配に関する英蘭条約	
1826	シャム・イギリス，バーネイ条約 イギリスの海峡植民地成立	
1830	ジャワで強制栽培制度実施	
1834	マニラ開港	
1840		アヘン戦争(〜1842)
1852	第二次英緬戦争(〜1853)	
1855	シャム・イギリス，ボーリング条約	
1862	フランス，コーチシナ東部3省獲得	
1863	フランス，カンボジアを保護国化	
1867	フランス，コーチシナ西部3省獲得	
1868	シャム，チュラロンコーン王即位	
1869		スエズ運河完成
1884	フランス，ベトナムを保護国化 清仏戦争(〜1885)	
1885	第三次英緬戦争，コンバウン朝滅亡	
1887	仏領インドシナ発足	
1888	英領ボルネオ形成	
1893	フランス・シャム条約	
1896	イギリス，連合マレー諸州を形成	
1898	米西戦争の結果，フィリピン，米領に	
1899	ラオス，仏領インドシナに編入	
1909	イギリス・シャム，マレー半島の境界画定	
1914		第一次世界大戦(〜1919)
1929		世界恐慌

一　東南アジアの近代——断絶と連続

一九世紀後半から二〇世紀前半、第二次世界大戦の終結まで、東南アジアは、シャムを除いてほぼ全域が、欧米諸国の植民地支配下におかれた。この時代を「近代」と呼ぶならば、東南アジアの近代は、自生的なものではなく、「ウエスタン・インパクト(西洋の衝撃)」によって外から持ち込まれたものであり、東南アジアは、欧米を中心とする資本主義世界経済に組み込まれたのである。

前講ですでに論じたように、こうした「進んだヨーロッパ」と「遅れたアジア」というヨーロッパ中心史観は批判されて久しい。ただ、一八世紀末から一九世紀はじめにかけてのイギリス産業革命を起点とする産業資本主義の成立によって、ヨーロッパの優位が決定的なものとなり、一九世紀半ばには、資本主義が地球規模の世界体制となっていったことは確かであろう。資本主義の発展は、やがて一八七〇～一八八〇年代には、欧米列強や日本が世界を植民地や勢力圏として分割する、帝国主義の時代を導いていく。そして、この帝国主義列強間の抗争が、二〇世紀の二つの世界大戦をまねくことになる。

植民地経済というと、ヨーロッパに一次産品を供給し、見返りに工業製品を購入するモノカルチャー経済がイメージされがちである。確かに、一八六九年のスエズ運河開通、それに続く蒸気船定期航路の拡大、一八七一年以降の海底電線敷設による電信網の東南アジア・東アジアへの拡大によって、砂糖・米・錫・ゴムなどのヨーロッパ市場への大量かつ迅速な輸送が可能になり、東南アジアのヨーロッパ市場への結合が、急速に拡大した時期は存在した。一九世紀前半の自由貿易時代には、イギリスの進出はありつつも、まだ隆盛していたアジア域内貿易は、帝国主義の時代に入ると、衰退し、ヨーロッパとの経済関係が卓越していくように見えた。

しかしながら、一九世紀末以降になると、こうしたヨーロッパとの結合を前提としつつも、東南アジアでは、新しい形のアジア域内交易も拡大するようになる。特に、砂糖や米といった、この時期に東南アジアで生産が拡大する消費財の主な輸出先は、中国、日本、インドなども含むアジア市場だった。こうした域内交易は、例えばマレー半島が、ゴムや錫などの工業原料の生産地として開発され、多くの華人やインド人の労働力が投入され、ベトナム、シャム、ビルマの米がこれら移民労働者に食糧として供給されるといった、植民地支配のもとで形成された域内の国際分業を前提としつつ、発展したものだった。

東南アジアの近代は、こうした域内交易の活性化という、前近代からの連続性ももっていたわけである。しかし、こうした連続性も、資本主義世界経済に包摂されたにもかかわらず伝統的な域内交易も発展したという構造ではなく、包摂されたがゆえに新しい形の域内交易が発達したという面をもっていたことは、おさえておかなければならない。

統治という面では、植民地支配の形成によって、実線で描くことができる国境線に囲まれ、その内側では、領域の隅々まで、住民の一人一人までを一元的に把握しようとする近代国家が、東南アジアにも形成される。これも、近世における領域支配の重要性の増大という流れの延長線上にある出来事だったが、国家の基本的なあり方という点では、それまでの伝統国家とは異なる性格を有していた。

世界の多くの地域において、前近代の国家は、中心によって規定される国家で、王と王都という、いわば中心に輝く「光」が、中心から遠ざかるにつれて弱まり、やがては闇に吸収されていくようなイメージでとらえることができるだろう。その支配圏は、多くの場合、王個人の資質によって左右され、中心の輝きの強さに依っており、境界は曖昧かつ流動的だった。これに対して、今日、地球を覆っている国民国家は、明確な国境線によって区切られた一定の領域からなる、排他的な主権を有する国家であり、それを構成する人々が「国民」としての意識を共有している国家である。

この「国民国家(ネーション・ステイト)」という国家のあり方は、国家を国王のものではなく国民のものとするフランス革命以降、一九世紀のヨーロッパに広がることになった。帝国主義の時代に植民地帝国を築いた欧米諸国は、国民国家だった。

二　植民地支配の確立とシャムの近代化

1　イギリスの進出

①英領マラヤ　一八世紀後半にインド支配を固めていったイギリスは、一九世紀初頭には、産業革命を背景とした市場拡大、自由貿易の推進という要請もあって、東南アジア・東アジアへの進出を本格化した。アヘン戦争で清朝中国から香港を獲得したイギリスは、シンガポールと香港を二大拠点として、アジア市場を世界経済に結びつけるシーレーンを確保した。

一八二四年には、イギリスとオランダの間で、マラッカ海峡を両者の勢力圏の境界とすることを定めた英蘭条約が結ばれた。これまで、両岸が一体の海域世界を形成していたこの海峡は、英領と蘭領を隔てる国境となった。

一八二六年に成立したシンガポール、ペナン、マラッカからなる海峡植民地は、当初イギリス東インド会社が管轄していたが、同社の解散によって、一八六七年以降は直轄植民地となった。この三港市は関税のかからない自由港として発展し、特に首都シンガポールは、国際貿易の拠点として急速な発展をとげた。

イギリスは、一八七〇年代以降、自らの勢力圏となったマレー半島の内陸部への支配拡張をはか

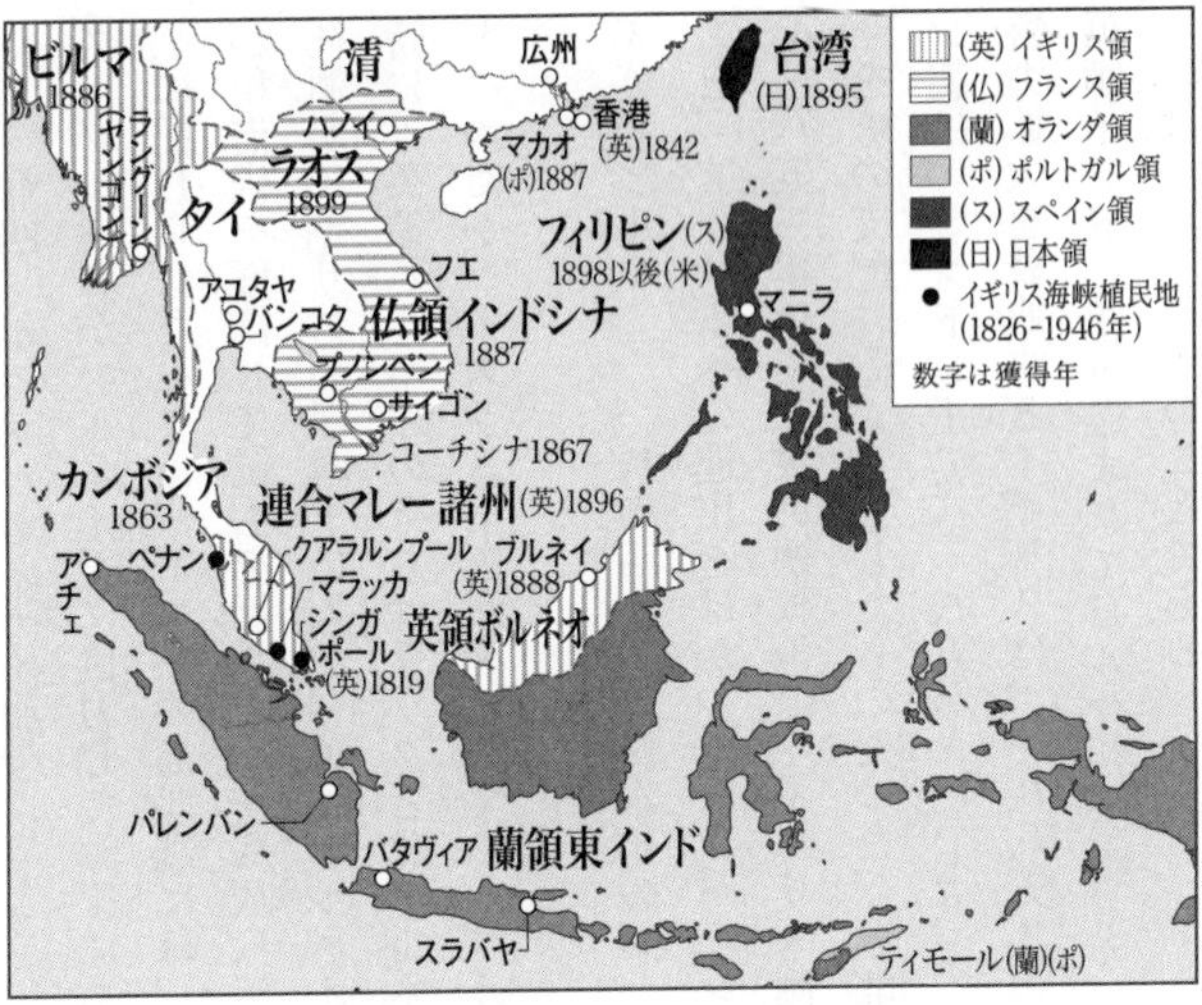

地図6　東南アジアの植民地化

る。まず、ペラ、スランゴール、パハン、ヌグリ・スンビランの四イスラム王国を、その保護下に組み込み、一八九六年には連合マレー諸州が形成された。さらに一九〇九年にはシャムとの間で国境が画定し、それまではシャムに服属していたプルリス、ケダ、クランタン、トレガンヌがイギリスの支配下に入り、非連合マレー諸州とされた。海峡植民地、連合マレー諸州、非連合マレー諸州で英領マラヤが構成されることになった。

②英領ボルネオ　イギリスは、シンガポールと中国を結ぶ航路上に位置する、ボルネオ島の北西部にも進出した。ブルネイには、一四世紀からイスラム王権が成立していたが、一七〜一八世紀にはスールーにおされるようになってい

た。一八四一年にブルネイの影響下にあったサラワクで反乱が起きた際、イギリス人のジェームズ・ブルックがブルネイ王に協力して鎮圧にあたり、ブルックは見返りにブルネイ王からサラワク王に任じられた。また、ボルネオ島北端には、スールーのスルタンからイギリスの北ボルネオ会社が租借権を獲得して統治を行った。一八八八年には、ブルネイ王国、サラワク王国、北ボルネオ会社領がイギリスの保護下に入り、英領ボルネオと呼ばれた。その後、一九六三年のマレーシア結成時に、英領ボルネオのうちサラワクと北ボルネオは、マレーシアに統合されてサラワク州、サバ州となったが、イスラム王権が存続していたブルネイはこれに加わらず、一九八四年に独立した。

③英領ビルマ　一八二四〜一八二六年の第一次英緬戦争は、インド支配を固めつつあったイギリスと、アッサムへの進出をはかったコンバウン朝との衝突という意味合いが強かったが、一八五二〜一八五三年の第二次英緬戦争は、イギリス側が、インド洋交易の要衝であるペグーを含む下ビルマをその支配に置こうとしたものだった。敗北によって下ビルマを失い内陸国家となったコンバウン朝は、ミンドン王(在位一八五三〜一八七八)のもとで近代化の施策を推し進めたが、フランスの影響力拡大を警戒するイギリスは、一八八五年の第三次英緬戦争でコンバウン朝を滅ぼし、ビルマは英領インドに組み込まれてビルマ州(英領ビルマ)となった。ビルマが、英領インドから切り離されるのは一九三七年のことである。

沿岸部やエーヤーワディー川流域平野など、ビルマ族が居住する地域は、英領インドをモデルとした直接統治が行われ、首都ラングーンを頂点とする一元的な統治が実施された。そのトップを担ったのは、総勢一五〇人ほどの、インド高等文官と呼ばれたエリート官僚だった。当初はすべてイギリス人だったが、一九二一年以降はビルマ人も採用されるようになり、その比率は一九三七年には三〇%弱に達するようになった。

これに対して、シャンやカレンニーなど、山地の非ビルマ族に対しては、その藩王たちの支配を認める間接統治体制が採用された。これは、ビルマ族と他の諸民族との連携をはばむ分断統治だった。

2　蘭領東インド

前講で述べたようにウィーン会議を経てオランダは、一八一六年にジャワの支配を回復し、また英蘭条約でスマトラを勢力圏として確保したが、一八三〇年には工業地帯だったベルギーが独立して、本国は深刻な財政危機に直面し、植民地との結びつきがきわめて大きな意味をもつことになった。一八二五年にジャワで発生したマタラム王国の王族ディポ・ネゴロを指導者とする反乱(ジャワ戦争、〜一八三〇年)や、同じ頃にスマトラで発生したイスラム改革派パドリ派の反乱(パドリ戦争、一八二一〜一八三七年)を抑え込んだオランダは、スマトラ島北端で最後まで抵抗したアチェ王国を鎮圧する一九一〇年代初頭までに、ほぼ今日のインドネシアに相当する領域をもつ、オランダ領東インド植民地を形成した。

一八三〇年、本国の財政立て直しへの寄与を期待されて東インド総督になったヨハネス・ファン・デン・ボスが、ジャワに導入したのが強制栽培制度だった。これは、それまでのコーヒーの義務供出制度を参考にし、政庁が指定したコーヒー、サトウキビ、藍などの輸出用農作物を、現地住民に行政村単位で栽培させ、政庁が定めた安い価格で買い上げる制度である。この制度は、国家財政の改善に寄与しただけでなく、オランダの産業革命にも貢献した。

このように、本国と東インド植民地を直結させる保護主義的な政策で、イギリス主導の自由貿易圏の拡大に対抗しようとしたオランダは、東インド支配の地歩を固めることはできた。しかし、強制栽培制度には現地住民の負担が重く、また自由主義的な立場からの批判も多かった。そのため、一八七〇年代以降、強制栽培制度は徐々に廃止され、民間農園企業が経営するプランテーションが増大していく。この時代に小国に転落していたオランダとしては、オランダ資本の絶対的優位を維持することはできず、イギリス資本などの参入を呼び込む方向を歩んだ。これは、後に戦略物資となる石油についてもいえることで、一九二三年にはロイヤル・ダッチが、イギリス資本のシェルと合弁会社をつくった。

3　仏領インドシナ

フランスは、東南アジアにおける植民地獲得競争に遅れて参入した。その分、一九世紀半ば以降は、非常に強い植民地征服衝動をもつようになった。その対象となったのは、カトリックの布教で関係があったベトナムだった。

阮朝の嘉隆帝の時代には良好だったフランスとベトナムの関係は、明命帝以降の皇帝がキリスト教を弾圧するようになると悪化し、一八五八年、嗣徳帝(トゥドック、在位一八四七〜一八八三)によるスペイン人宣教師処刑を口実に、フランス・スペイン連合艦隊がダナン・フエを攻撃するに至る。フランスは、これに続いて矛先を南部に転じ、一八六二年には、メコン・デルタの東部三省をフランスに割譲する第一次サイゴン条約を嗣徳帝の政府に認めさせ、本格的なベトナムの植民地化を開始した。さらにフランスは、一八六七年にはメコン・デルタの西部三省も占領し、フランスの直轄植民地コーチシナが形成された。ついで、一八六三年にはベトナムとシャムの脅威からの保護を標榜して、隣接するカンボジアを保護国とした。

フランスは当初、メコン川を遡って中国に達することを意図していたものの、それでは雲南に達することが困難と知ると、ベトナム北部の紅河に注目するようになる。しかし、北部の中国との国境地帯は、太平天国の流れをくむ黒旗軍などの華人武装集団が跋扈する地域だった。一八七三年にはフランシス・ガルニエが、ハノイや紅河デルタの主要都市を占拠したが、阮朝政府の要請を受けた黒旗軍によって打ち破られるという事件が起きるなど、フランスの進出は難航した。普仏戦争(一八七〇〜一八七一年)直後の時期で、遠隔地ベトナムで戦火を拡大する余力のなかったフランスは、この時は、紅河の通航権の獲得で満足せざるをえなかった。

しかし、一八八二〜一八八三年に、紅河デルタの匪賊討伐に派遣されたアンリ・リヴィエールが、ハノイをはじめとするデルタ要衝を占拠し、反撃に転じた黒旗軍と阮朝軍に討たれるという事件が発生した時には、植民地拡張に積極的になっていたフランス政府は、援軍をベトナムに送り込んだ。嗣徳帝の死とも重なって混乱状態にあった阮朝政府は、フランスの圧力に屈服し、ダナンなどの開港と、北部へのフランス軍の出兵を認める第一次フエ条約の締結を余儀なくされた。

フランス軍のベトナム北部出兵に対抗して、宗主国を自認していた清は一八八四年ベトナムに対する出兵を行い、清仏戦争が起きた。フランスは阮朝との間で、フランスの保護国となり、外交権をフランスに委ねることなどを約した第二次フエ条約を結んだ。ここに、ベトナムはその主権を失い、フランスによって植民地化されることになるが、清軍・阮朝軍の抵抗が続いたため、フランスは福建や台湾を攻撃して、一八八五年には李鴻章《りこうしょう》に天津条約の締結を迫って、清軍のベトナムからの完全撤退を実現した。

清はベトナムに対する宗主権を放棄し、ベトナムは、フランスの直轄領の南部コーチシナ、保護国化された阮朝が存在する中部アンナン、フランスの理事長官の管理下に置かれた保護領北部トンキンという三つの地域に分割された。さらにフランスは西方への勢力拡大をはかり、一八八三年にはシャムにメコン川左岸を放棄させ、九五年にはルアンプラバン王国を保護国とした。フランスは、一八八七年には、トンキン、アンナン、コーチシナにカンボジアを加えて、フランス領インドシナ連邦を形成していたが、九九年にはこれに保護国ルアンプラバン王国と直轄領南ラオスからなるラオスが加えられた。

この仏領インドシナの形成は、それ以前の地域秩序に大きな変化をもたらした。ベトナムに即してみると、まず第一に、ベトナムに対するフランスの支配は、中国の王朝がベトナムに対して主張していた宗主権を否定して形成された。ベトナムは、中華帝国を中心に前近代の東アジアに存在していた冊封体制という伝統的国際体系から切り離され、帝国主義時代の列強の一つであるフランスによる植民地支配という、地球規模の広がりを持つ近代的国際体系に組み込まれることになった。

第二に、このフランスの支配は、ベトナム単独ではなく、カンボジア、ラオスを包摂するインドシナとして形成された。インドシナという支配の枠組みは、歴史上かつて統一的な権力をいただいたことのない、文明的にもきわめて異質な諸社会を包摂して成立した。中華世界の一員であったベトナムが、いわゆる「インド化」した東南アジアの成員であるカンボジア、ラオスといっしょに、同一の支配の枠組みの下に編入されたのである。このことは、否応なく、ベトナムに周辺の東南アジア世界との関わりの強化を迫るものとなる。

4 フィリピン――スペイン領から米国領へ

スペイン支配下のフィリピンにも、一八世紀後半以降、イギリス系のカントリー・トレイダーが訪れるようになり、一九世紀に入ると、彼らはフィリピン産の農作物の輸出にも関心を向けるようになった。スペインは当初、外国商人の地方での取引を禁止するなど、抑圧的な政策をとっていたが、自由貿易を掲げるイギリスの圧力に抗しきれず、一八三四年にはマニラを、一八五五年にはイロイロを開港した。

自由貿易体制に移行したフィリピンでは、サトウキビやマニラ麻などの商品作物の栽培と貿易の拡大で、富を蓄え高等教育を受けた新興の現地人エリート層が台頭し、その中からスペイン支配に反抗する人が登場するようになる。こうした背景で一八九六年に起きたのが、フィリピンのスペインからの独立をめざすフィリピン革命だった。

この動きは、一八九八年のキューバ独立をきっかけに起きた、米国とスペインとの間の米西戦争で、米国の介入を招くことになる。この戦争に勝利し、スペインからフィリピンを割譲された米国は、独立をめざす革命勢力と敵対するようになり、その抵抗を排除してフィリピン支配を形成した。

5 シャムの近代化と独立保全

ラタナコーシン朝のシャムの経済基盤は、王室による独占貿易だったが、これも自由貿易を求めるイギリスなど、欧米諸国からの圧力にさらされることになった。一八二六年にイギリスとの間で結ばれたバーネイ条約は、期限付きではあるが貿易の自由化を認めるものだった。さらに一八五五年には、イギリスとの間で、イギリス国民の治外法権と、港での居住と通商の自由を認めるボーリング条約が締結された。同様の条約は米国やフランスとも結ばれ、ここにシャムは、近代国際法秩序を前提とする世界貿易体制に組み込まれ、王室独占貿易体制は最終的に崩壊することになる。同時に、伝統的な統治機構も再編を迫られるが、モンクット王(ラーマ四世、在位一八五一〜一八六八)は、その鋭い国際感覚による巧みな外交政策で、シャムの独立を維持した。

続くチュラロンコーン王(ラーマ五世、在位一八六八〜一九一〇)は、一八七三年頃から、内閣制度の導入、地方行政組織の整備と国土を一元的に支配できる統治機構の確立、徴税請負制度の廃止と一元的な税制による国家財政制度の形成、近代的法制の整備、徴兵制、国民教育など、様々な近代化改革を実施した(チャクリ改革)。こうした独自の近代化施策と、イギリスとフランスの緩衝地帯となったという地政学的要因によって、シャムは、東南アジアでは唯一、その独立を保全できたのである。

三　東南アジア経済の再編成

1　錫

一九世紀に入ると、缶詰業の発展により、ヨーロッパでの錫の需要が急増した。また、一九世紀末以降は、電気、自動車産業関連で、錫への需要がいっそう増大した。マレー半島西部は、一八八〇年代からほぼ一〇〇年にわたって世界最大の錫の生産地だった。錫鉱山の所在地は人口希薄な地域で、錫の採掘は、当初から華人の移民労働者に頼って行われた。

一八七〇年代まで、錫の採掘は、マレー人スルタンの許可を得た華人資本家の独壇場だった。会党と呼ばれる華人組織が、中国南部から海峡植民地を経由して、大量の華人労働力を調達した。一八八〇年代以降は、ヨーロッパ系資本による錫採掘も軌道に乗るが、採掘に関しては、華人が依然決定的な地位を占めていた。

2　ゴム

東南アジアにおけるゴム生産の増加をもたらしたのは、自動車産業の勃興に伴うタイヤの原料への需要急増だった。英領マラヤと蘭領東インドが、その主要産地だった。

英領マラヤでは、ゴム栽培は一九世紀末から本格化し、イギリスを中心とするヨーロッパ系企業による大規模なゴム・プランテーションが優位を占め、そこでは、華人労働者が多数を占めた錫とは異なり、南インド(主としてタミル地方)出身の移民労働者が主力となった。

二〇世紀に入ると、マレー人農民による小規模自家農園でのゴム栽培が展開されるようになり、栽培面積の三分の一程度を占めるに至るが、プランテーション労働者は、依然として南インド出身者が大半を占めた。

蘭領東インドのゴム栽培は、二〇世紀初頭から広がり、その中心はスマトラ東岸だった。ここでは、オランダついでイギリスの企業がプランテーションの経営を行い、労働者としてはジャワ人の移民労働者が主に使用された。ここでも、個々の農民による小規模栽培も行われた。

3　サトウキビ

ジャワの輸出用農作物の中心となったのは、水田地帯で米との輪作で栽培されたサトウキビやタバコといった一年生の「低地作物」と、火山の麓や丘陵地帯で栽培された茶やコーヒーなどの多年生の「高地作物」であった。

一九世紀の主要輸出品はコーヒーだったが、一九世紀末の中南米の産地としての台頭などで価格が低下し、コーヒー輸出は打撃を受けた。これにかわって、一九世紀末から一九二九年の大恐慌まで、蘭領東インドの基幹産業となったのは、サトウキビを原料とする製糖業だった。製糖工場の多くはオランダ資本で、その直接管理下で、ジャワ人農民によるサトウキビ栽培が行われた。砂糖の輸出先は、一九世紀後半には主に欧米だったが、二〇世紀にはインドや中国が重要になり、東部のスラバヤや中部のスマランの華人商人が大きな役割を果たした。

フィリピンでも、マニラ麻や石鹼などの原料となるコプラとともに、砂糖が主な輸出品となった。特に一九一〇年代以降は、米国向けの輸出が拡大し、ネグロス島が最大の産地となった。ここでは、アシエンダと呼ばれる大規模農園でサトウキビが栽培された。

マニラ麻の栽培では、ミンダナオ島のダバオが主要な産地となり、日本からの移民が生産に携わった。軍需物資でもある麻の栽培の拡大で、日本移民も増大し、最大時にはその規模は一万九〇〇〇人に達し、その過半数を沖縄出身者が占めた。

4 大陸部三デルタの米

大陸部の主要な輸出品となったのは米である。エーヤーワディー川、チャオプラヤ川、メコン川のデルタでは、一九世紀後半から急速に開拓が進み、米の生産量が飛躍的に拡大する。一九世紀中はヨーロッパや中国に輸出される米が多かったが、二〇世紀になると東南アジア域内でのプランテーションや錫鉱山などの労働者の食糧として、域内交易の主要な商品となった。

マラッカ海峡周辺地域を中心とする島嶼部に、ゴムなどのプランテーションや錫鉱山が開かれ、ここに大量の移民労働力が投入されるに伴い、大陸部の三大河川のデルタには、世界有数の輸出用の米作地帯が形成され、島嶼部の労働者への食糧供給源となったのである。また、紅河デルタ、上ビルマ、ジャワなどの伝統的稲作地帯は、新興地域に労働力を供給する後背地になり、地域間の分業システムが形成された。東南アジアの人口は、一八〇〇年の三二〇〇万人から、一九〇〇年には八三〇〇万人に急増したといわれる。移民流入と人口増加に伴った食糧需要の拡大が、米作の拡大をもたらした。

ビルマでは、一八五二年のイギリスによる下ビルマの植民地化が、エーヤーワディー川デルタ開発のきっかけとなった。コンバウン朝時代には、下ビルマの余剰米は上ビルマに運ばれ、外国に輸出することは禁止されていた。イギリスは、ベンガルなどのインド帝国内の飢饉頻発地域への食糧供給地として、それまではマラリアが猛威をふるう未開地だったデルタの開発に積極的な姿勢を示した。

水田農業の主たる担い手は上ビルマから移住したビルマ人農民だったが、開拓に必要な資金の調達には、ビルマ人やインド人の金貸しが大きな役割を果たした。精米業はヨーロッパ企業の支配下におかれた。米の輸出港として発展したラングーンでは、港湾労働者や精米所の労働者として南インドのテルグ人が使われ、インドからの移民が人口の過半数を占めた。二〇世紀初頭には、下ビルマの稲作面積は二〇〇万ヘクタールを超え、米の輸出量も二〇〇万トンに達し、世界一の米輸出地となった。

シャムでは、一八五五年のボーリング条約以降、米の輸出が拡大し、輸出額の六〜七割を占めるようになった。ここでは、米作はタイ人の自作農が担ったが、米の集荷・精米・輸出では、華人商人の果たす役割が大きかった。チャオプラヤ川デルタの水田は、一八五〇年の約一〇〇万ヘクタールから、二〇世紀はじめには四〇〇万ヘクタールに達し、輸出量も一八九〇年代末には五〇万トンに達した。主な輸出先は香港とシンガポールで、シンガポールに入ったタイ米の多くは英領マラヤと蘭領東インドに再輸出され、上述のような労働者の食糧となった。

メコン・デルタでは、一八六〇年代から、フランスの手による灌漑工事と運河掘削が開始された。ここでは、当初から地主による土地集積が進められ、フランスも開拓地の払い下げ政策でこれを奨励した。地主の中にはフランス人もいたが、大半はベトナム人だった。農民は、当初はクメール人の比率が高かったが、開発に伴って、北部や周辺地域からのベトナム人入植者が増大した。米の集荷・精米・輸出は、ここでも主に華人の支配下におかれ、サイゴンに隣接するチョロンに華人人口が集中した。メコン・デルタからの米の輸出は、一九〇〇年代前半には五〇万トンに達し、輸出先は、香港・中国、フランスが主で、一部が島嶼部東南アジアだった。

5　シンガポールを中継しての域内貿易

東南アジア各地が、こうして一次産品輸出で成長を遂げる中で、シンガポールを中継港として各地を結ぶ交易のあり方にも変化が生まれた。まず、シンガポールへの輸入では、一八七〇年代以降も米が重要な比重を占めたが、その主な輸入先は一八六〇年代を境として、ジャワから、ビルマ、シャム、仏領インドシナへと切り替わった。また一八八〇年代以降は、マレー半島からの錫の輸入が急増した。

これに対して、シンガポールからの輸出は、一九世紀前半に大きな比重を占めていた綿製品とアヘンのシェアが減少し、一八七〇年代以降には、米、塩干魚や砂糖その他の食料品という、東南アジア域内で生産された食料の比重が増大した。これらの食料は、シンガポールから英領マラヤや蘭領東インドなどに再輸出された。

欧米工業国の一次産品への需要は、それを産出した東南アジア島嶼部での生産拡大、移民や現地住民の購買力の増大をもたらした。この島嶼部の消費財の需要増大、特にその食料需要の増大に応えたのが、大陸部での米をはじめとする食料生産の増大であり、それは、大陸部の生産者の購買力の増大をもたらした。こうした島嶼部の一次産品生産と、大陸部の食料生産という域内分業を結んだのが、中継港シンガポールであり、それは対欧米貿易から生じた利潤を域内で分配する役割も果たしたのである。

6　戦間期の東南アジア経済と日本

第一次世界大戦（一九一四〜一九一八年）でヨーロッパとの貿易が縮小すると、輸出においては米国、輸入においては日本との貿易が重要性を増した。米国の自動車産業では、フォード社の大量生産方式で大衆車の生産が可能になった。この自動車産業にタイヤの原料となるゴムを供給したり、普及した自動車の燃料として石油の需要が拡大したりすることで、東南アジアからの対米輸出が増大した。

この一次産品の輸出拡大で増大した購買力に応えたのが、綿織物、ほうろう洗面器、洋傘、マッチなどの日本の安価な消費財だった。日本の工業化は、欧米から移植された近代的な大工業とともに、日本の社会、生活様式に密着した製品をつくる在来産業が大きな役割を果たすという特徴をもっていた。この在来産業は、技術革新によって、アジアに適した物産を安価に生産して輸出する力をもつようになり、この時期には、東南アジアへの輸出を急速に拡大することになった。加えて、この時期には、ゴムの栽培などで、従来のヨーロッパ資本によるプランテーションに代わって、農民による小規模な栽培が広がるようになった。これも、日本製消費財の市場を拡大することになった。

一九二九年に発生した大恐慌は、商品作物の輸出に依存していた東南アジア経済にも大きな影響を及ぼした。一方では、一次産品輸出が激減し、購買力が低下するのに伴って、安価な日本製品への需要がいっそう高まった。フランスが高い貿易障壁を設けたインドシナを除き、日本からの輸入が総輸入額に占める割合は、蘭領東インドで二五・四％、英領マラヤで五・八％、フィリピンで一四・八％、シャムで一九・八％、ビルマで八・八％に達した。こうした中で、東南アジアでは、ヨーロッパの宗主国との関係が低下し、対米輸出の黒字で対日貿易の赤字をカバーするという、太平洋を挟む新しい循環構造が形成されはじめた。

しかし他方では、こうした状況に危機感をもつ国々が、自国と植民地を関税障壁で囲い込んでブロック経済圏を形成しようとする趨勢が強まった。日本も、しだいに閉鎖的な経済圏の確立を、その軍事力を背景に追求するようになり、事態は第二次世界大戦へと向かっていく。日本資本主義は、ある時期まで、東南アジアも含む広い意味の東アジアの域内貿易の発展を促進し、それを米国を含む環太平洋経済圏につなげる点で大きな役割を果たした。こうした域内貿易は、自由貿易のもとでの地域間分業体制を前提として成り立っていたものだった。けれども日本自身が、一九三〇年代後半には、こうした構造自体を崩していく道を歩むことになるのである。

仏領インドシナは、宗主国のブロック経済圏に囲い込まれ、米の輸出先としてもフランスの比重が高まり、輸出でフランスが占めるシェアは、一九二九年の二二・一％から三七年には四六・一％に達した。

蘭領東インドでは、その基幹産業である製糖業が衰退した。これは、主な輸出先である英領マラヤと中国が、いずれも自国の製糖業保護のため、高い関税障壁を設けたためだった。砂糖にかわって、ゴムと石油が重要な輸出品となった。同じ砂糖の輸出国だったフィリピンでは、製糖業は衰退しなかった。これは、米国がブロック経済圏の中で、フィリピンの製糖業を保護する政策をとったためだった。

大恐慌の打撃は、米の輸出が恐慌後も堅調だった仏領インドシナとシャムでは相対的に少なかったが、英領マラヤ、蘭領東インド、フィリピンでは回復が遅れ、一九三八年の輸出を二九年と比較した場合、それぞれ六割強、半分以下、七割と低い水準にとどまった。これは、従来の、英領マラヤ、蘭領東インドを中心とする東南アジアの植民地経済のありかたを揺るがすことになった。

第6講

ナショナリズムの勃興

19世紀後半〜1930年代②

ホセ・リサール像(東京，日比谷公園)

	東南アジア	世界
1873	シャム，チャクリ改革始まる	
1885	ベトナム，勤王運動	
1889	フィリピン知識人のプロパガンダ運動	
1896	フィリピン革命勃発	
1899	フィリピン共和国独立宣言	
1904		日露戦争(～1905)
1905	ベトナム，東遊(ドンズー)運動始まる	
1906	シンガポールで中華総商会結成	
1908	ジャワでブディ・ウトモ設立	
1911	ジャワでイスラム商業同盟(後のイスラム同盟)結成	辛亥革命
1914		第一次世界大戦(～1919)
1917		ロシア革命
1919		コミンテルン結成
1920	東インド共産主義者同盟(後のインドネシア共産党)結成 全ビルマ団体総評議会樹立	
1927	インドネシア国民党結成	
1929		世界恐慌
1930	ベトナム共産党結成 われらのビルマ人協会(タキン党)結成 ビルマでサヤー・サン蜂起	
1932	シャム，立憲革命	
1935	フィリピン・コモンウェルス発足	
1937	ビルマ統治法による自治政府発足	日中戦争勃発
1939	シャム，国名をタイに変更	第二次世界大戦勃発(～1945)

一　ナショナリズムと植民地

前講でも述べたように、帝国主義の時代に東南アジアを植民地支配した欧米列強の本国は、国民国家だった。植民地帝国を築いた列強自身は、世界分割競争の中で、他の列強の影響力を排除して自らの支配を形成すべく、明確な国境をもち、その領域内を一元的に統治するという近代国家の論理を東南アジアに持ち込んだだけだったかもしれない。しかし、国民国家の原理によって組織された国家による支配は、やがて支配された人々の間にも、自らの国民国家をもつという希求を育てることになった。これが、ナショナリズムである。

植民地支配の形成にあたっては、東南アジアでも現地の抵抗が存在した。その多くは、伝統的な王権を擁護しようとする運動だった。ベトナムを例にとれば、第二次フエ条約の締結後に帝位についた阮朝の咸宜帝(ハムギ、在位一八八四〜一八八五)は、一八八五年にフエを脱出して、フランスへの抵抗を呼びかける「勤王の詔勅」を発した。これに応えて、ベトナムの北部と中部では、在野の儒教知識人である文紳が指導する勤王蜂起が各地で起きた。その多くは一八八八年までに収束するが、山地にこもった勢力の中には二〇世紀まで抵抗を続けるものもあった。勤王蜂起という名が示すとおり、この抵抗運動は伝統的な「忠君愛国」思想によるものであり、王権の回復をめざすものだった。こうした抵抗は、近代ナショナリズムに伝統として継承されるが、植民地支配の産物としてのナショナリズムとは異質なものだった。

フランス革命を経て形成されたフランス国民という共同体は、自由・平等・博愛という理念を掲げる共同体であり、この理念を承認すれば、人びとはその出自を問われることなく、そこに参加できるはずだった。しかし、この新しい共同体がその結束を高めるには、排除されるべき他者=「やつら」が必要となる。言語でみると、国民議会という民主主義的な立法府が機能するには、議員が共通の言語を使用しなければならない。その言語は、いまや国家の行政言語にとどまらない、国民の言語=国語と見なされるようになったフランス語であり、フランス革命当時、フランス人口の半数以上が話していた非フランス語は「前世紀の名残り」とみなされ、その話者のフランス語世界への同化が、国家権力を背景として求められることになる。

かつての伝統的な世界帝国では、人々の話し言葉への介入はあまりなかった。世界帝国で統治エリートになるための要件は、神と地上を結ぶ「聖なる文字言語」、中華世界にあっては漢字・漢文をどれほどマスターしているかということであって、ふだんどのような言葉を話しているかではなかった。植民地を統治した欧米列強は、植民地に「文明の光」をもたらすという建前からも、また統治に現地人官僚の協力が不可欠であったことからも、近代的な教育を植民地に導入した。

では、このような教育を受けた植民地エリートは、本国人と同等に扱われたかというと、多くの場合はそうではなかった。フランス本国で教育を受けたベトナム人でも、帰国後は、学校では自分よりもはるかに劣等生だったフランス人官吏の下僚として仕えるしかなく、給与も、フランス人官吏とベトナム人官吏とでは、同じ等級でも三〇倍の差があり、フランス人の門番でもベトナム人技師の三倍の給与をとっていたといわれている。植民地エリートに教育は授けるものの、けっして本国人とは同等に扱わないという、国民国家の築いた植民地帝国の構造が、こうした植民地エリートを、ナショナリズム＝自分自身の国民国家形成の要求へと導いていくことになる。

近代教育は、同じ植民地統治の枠組みに組み込まれた人々に、新しい一体感を育てる役割も果たした。これは、近世王権のもとで近代国家につながる領域支配がされていた大陸部よりも、植民地支配が、それまでは相互に一体感をもっていなかった人々を包摂する形で成立した島嶼部で、特に重要だった。これを「巡礼圏」という概念で説明する議論もある。

植民地支配は、東南アジアにも、明確な実線によって描かれる国境を導入し、領域支配を形成した。そしてその領域を統治する官僚制度が構築され、それを担う「原住民官吏」を養成するために、教育制度が整備された。こうした教育制度・官僚制度に規定された人々の人生の旅の蓄積＝「巡礼圏」が、「X領植民地の原住民」という運命を共有しているという、新しい一体感を育て、それが、植民地支配の枠組みを継承した形での国民国家の独立を求めるナショナリズムを生み出すことになる。

もっとも、ナショナリズムは、エリートの独占物ではなかった。ナショナリズムは、それが大衆運動として展開されたという特徴をもっている。植民地時代の東南アジアでは、税金をめぐる農民の反乱、暴動が頻発しているが、その原因となったのは、近代官僚制の導入により、それを支える安定した国家歳入が必要となったことだった。

近代国家のような重い官僚制度をもたない伝統国家では、税は収穫の多寡によって変動するのが通例だった。つまりは、豊作時には過酷な税を取り立てるかわりに、不作時には税の減免を実施し、その「恩情」によって貴族や地主の農民支配が成り立っていたのである。

ところが、近代的な官僚制度の維持には一定の国家歳入が必要なため、収穫の量に左右されない定額の税制が導入されることになる。定額税制のもとでは、農民は、豊作時には手取りが増えるものの、不作時には生存維持が不可能になってしまう。こうした浮き沈みの激しい生活が農民に不安を与え、抗税暴動の原因になっているという議論もある。農民は浮き沈みの少ない生活を望むという点については論争があるものの、植民地支配の形成に伴って、税をめぐる農民の反乱が増大することの説明としては、説得力がある議論といえよう。

東南アジアでは、スペイン支配が崩れる一九世紀末のフィリピンで先駆的なナショナリズムの形成がみられるが、その他の地域では、ナショナリズムが芽生えるのは二〇世紀に入ってからだった。第一次世界大戦で東南アジアの各植民地は、見返りなしに、ヨーロッパの宗主国の戦争への協力を強いられるが、大戦の講和にあたって「民族自決」が重要な原理になったことから、大戦後は、ナショナリズムが各地で力を得るようになる。大戦終結後から一九二〇年代前半までは、戦後の相対的安定期のもとで、植民地開発が進み、教育の普及や労働者など新しい社会階層が誕生する一方、植民地支配の長期化が予想されたことから、比較的穏健なナショナリズムが優位をしめた。しかし、一九二〇年代後半から一九三〇年代には、大衆運動とも結合したナショナリズムの急進化がみられ、各地で共産党も一定の力をもつようになった。

以下では、東南アジアにおけるナショナリズムの形成を各地域ごとに見ていこう。

二　ナショナリズムの展開

1　フィリピンの先駆性と独自性

スペインが支配したフィリピンでは、人種による位階が存在していた。頂点に立ったのは、ペニンスラール（半島人）と呼ばれた、スペイン本国生まれのスペイン人で、その次には、フィリピン生まれのスペイン人であるクリオーリョが立ち、その次には、スペイン人や華人移民と「原住民（インディオ)」の混血児であるメスティーソが位置し、最底辺にはインディオが置かれた。

フィリピンが、東南アジアにおけるナショナリズムの形成で先駆的な役割を果たすには、二つの要因があった。第一には、一八世紀以降、中国向けの農作物の輸出で、クリオーリョやメスティーソ、さらには一部のインディオの中に、比較的富裕な中産層が生まれていたことである。加えて第二に、一六一一年にアジアで最も古い大学としてサント・トマス大学がマニラに設立され、一八五九年にはマニラ市立学校(後のアテネオ・デ・マニラ大学)が設立されるなど、近代教育が早くから展開され、植民地支配の矛盾を直視する知識人が生まれたことがあった。

クリオーリョやメスティーソ、インディオといった現地生まれの人々は、カトリック教会の中でも地位を築き、一般住民の居住区にある教区教会の司祭(在俗司祭)に進出し、もっぱらスペイン生まれの司祭が務める、イエズス会やフランシスコ会などの修道院の聖職者(修道司祭)と対照をなすようになった。一九世紀になると、中南米のスペイン植民地が独立を達成するが、その独立運動を主導したのがクリオーリョだったことから、スペインは、本国生まれのペニンスラールをフィリピンに送り込むことを重視するようになり、ペニンスラールを在俗司祭の地位にもつけようとした。

これに反発して、現地生まれの在俗司祭の地位擁護運動が起きた。ここに、フィリピンでは、本国生まれ対現地生まれという対抗軸が形成され、それまではもっぱらフィリピン生まれのスペイン人(クリオーリョ)を指す用語だった「フィリピーノ(フィリピン人)」が、メスティーソやインディオなど、フィリピン生まれの人々全体を包摂する意味で使われるようになった。一八七二年にカビテ州の要塞で起きた暴動を理由に、スペインが、現地生まれの在俗司祭の地位擁護運動の中心だった三人の司祭を処刑した事件(ゴンブルサ事件)は、人々に衝撃を与え、スペイン支配に反発するナショナリズム意識の覚醒を促した。

スペインに留学したフィリピン人の間では、一八八九年以降、フィリピンの改革を求めるプロパガンダ運動と呼ばれる啓蒙運動が起きた。その中心人物だったホセ・リサール(一八六一〜一八九六)は、一八九二年にフィリピンに帰国したが、スペイン政庁によって逮捕され、流刑に処せられた。スペイン政庁の強圧政策は、より過激な反発を招くことになり、一八九二年には、アンドレス・ボニファシオらがカティプーナンという秘密結社を結成し、スペイン支配への武力による反抗を計画し、マニラの労働者など下層階級の間に組織を広げた。カティプーナンは、一八九六年八月には蜂起を開始し、スペインからの独立をめざすフィリピン革命が始まった。スペインは、リサールを革命の首謀者として処刑したが、革命運動は中部ルソンに広まった。

カティプーナンによる民衆動員では、フィリピンの民衆カトリシズムで最もポピュラーな聖典になっていた「パッション」(キリスト受難詩)が大きな役割を果たした。この世の創生から終末(黙示録の世界)までを描いた「パッション」は、真の救済の教えを広める受難の時に重ねられ、受難=革命によって至福の楽園が再生されると説いた。

やがて、革命運動の内部では、都市の急進派と地方の有力者(プリンシパリア)との間で主導権争いが発生し、一八九七年には、プリンシパリア層の代表エミリオ・アギナルド(一八六九〜一九六四)によってボニファシオは粛清された。

革命運動はスペインの軍事力に苦戦していたが、一八九八年に米西戦争が勃発したことは、革命運動に有利に作用するかに見え、一八九九年一月にはフィリピン共和国(マロロス共和国とも呼ばれる)の樹立が宣言された。しかし、米西戦争に勝利し、パリ条約でフィリピンを獲得した米国はこれを認めず、今度は革命運動と米国との間で戦争が起きることになった(米比戦争)。一九〇一年にはアギナルドが降伏し、一九〇二年は米国の統治が本格的に開始されるが、このフィリピン革命の展開を通じて、フィリピン人という国民意識が定着することになった。

フィリピンのナショナリズムは、本国人対現地人という、中南米と同じ対抗軸の中で育まれたために、クリオーリョやメスティーソが排斥の対象にならず、むしろ中心的役割を果たした。これは、欧亜混血児や華人系の人々が排除される、二〇世紀に興隆する東南アジアの他地域のナショナリズムとは、異なる特徴である。

その後、現地人エリートは、米国による植民地支配を支える役割を果たすようになり、米国はこれらのエリートによる自治を認めるようになる。一九二九年の世界恐慌で、米国の農家や砂糖業界には、フィリピンの製糖業に特恵的地位が認められていることに反発して、フィリピンを独立させることで、フィリピンの安い砂糖の米国流入を防ごうとする動きが起こった。一九三五年には一〇年後のフィリピン独立を展望して、マニュエル・ケソンを首班とする独立準備政府が発足した。これに対して、一九三〇年代には、地主制を基盤とするエリート層に反発する急進的な政治運動も台頭した。一九三〇年に結成されたフィリピン共産党や、一九三五年に反乱を起こしたサクダル党などが、その代表的存在である。

2　インドネシアという国民意識への道

一九世紀から二〇世紀への転換期に、オランダの植民地政策は、現地住民の福祉や教育の改善を謳う「倫理政策」へと転換した。このオランダの政策転換に歩調をあわせるように、それ以前の、旧来の秩序を回復しようとする抵抗運動とは異質の、ナショナリズムの先駆となる動きが出現した。

ジャワの貴族の娘として生まれたカルティニ(一八七九〜一九〇四)は、オランダ式の教育を受け、ジャワ人女性への教育運動に尽くした。死後にオランダ人の文通相手によって出版されたオランダ語の書簡集『闇から光へ』(一九一一年)で有名になった。この書簡集は、西洋の光でジャワの女性が「未開」から開眼するという、倫理政策の意図した構図を示すものとされてきたが、収録されなかった書簡の研究から、近年では、教育と工芸芸術の振興で西洋からの自立を目指したカルティニ像が強調されるようになっている。いずれにせよ、カルティニは、ジャワ人の民族的覚醒の先駆だった。

一九〇二年にバタヴィアに「現地人医師養成学校」が設立されるが、一九〇八年には、ここに学ぶジャワ人貴族の子弟により、ブディ・ウトモ（優れた徳）という名称の団体が結成された。ブディ・ウトモは、ジャワ最初の民族団体と見なされている。

ジャワという世界から視野を広げる動きも始まった。一九一一年には、華人商人の台頭に対抗するために、ジャワ人とアラブ人の商人がイスラム商業同盟を結成し、一九一二年にはイスラム同盟と改称した。イスラムを結合のシンボルとしたイスラム同盟は、チョクロアミノトの指導のもとでジャワ以外にも活動を拡大し、一九一四年には三七万人の会員を擁するに至り、インドネシアで最初の大規模な人々を結集する大衆団体となった。

また一九〇六年には、オランダに留学した学生の間で東インド協会が結成された。これは、東インドという植民地支配がつくった枠組みを自らの結社の枠組みとした点で、注目すべき動きである。植民地領内各地から学生が集まるオランダ本国という場が、こうした結社の誕生を促したといえよう。この東インド協会は、一九二〇年代にはインドネシア協会と改称する。似たような動きは、社会主義的潮流でも見られた。一九一四年にオランダ人社会主義者の指導で結成された東インド社会民主主義同盟は、一九二〇年に東インド共産主義同盟と改称し、アジアで初の共産党となり、一九二四年からはインドネシア共産党と名乗った。

ここに登場する「インドネシア」という言葉は、現在のフィリピン、マレーシア、インドネシアの島々を指す地理用語だったが、これが、二〇世紀に入ると、蘭領東インドの代名詞として使われるようになる。ただし、現地の人々の団体名という点からみると、東インドという場合には、オランダ人や欧亜混血児などを含めた、東インドに居住する人々全体を包摂するというニュアンスがあるのに対して、インドネシアのほうは、より人口の大多数を占める「原住民」を中心としたまとまりというニュアンスがあった。一九二〇年代になって、オランダ植民地支配を覆してつくる新しい国家の名称にふさわしいとして、ナショナリストに使われるようになるのは、インドネシアのほうだった。

インドネシア共産党が、一九二六年末から二七年にかけて起こした武装蜂起の失敗で壊滅的な打撃を受けると、スカルノ(一九〇一～一九七〇)を中心とする、高等教育を受けた若い知識人たちが一九二七年に結成したインドネシア国民党が、ナショナリズム運動の中心を担うようになった。この国民党の提唱で一九二八年に開催された全国青年大会では、「一つの祖国インドネシア、一つの民族インドネシア民族、一つの言語インドネシア語」という青年の誓いが採択された。蘭領東インドの様々な人々が、自分たちをインドネシア民族(＝国民)という一つの民族と認め、ジャワ語ではなく、交易などで広く使用されていたマレー語をインドネシア語と呼んで、それを国語とするインドネシアという国家の独立をめざすことが明記された。ここにインドネシアという国民意識が明確に表明されたわけである。

オランダ当局は、カリスマ的な指導力をもつスカルノの活動を警戒し、一九三四年には逮捕され流刑となり、独立運動はいったん後退を余儀なくされた。

3　島嶼部の英領植民地――中国ナショナリズムとマレー人ナショナリズム

現在のマレーシアとシンガポールにあたる地域においては、マレーシアやシンガポールとしての国家形成につながる政治運動が本格化するのは、第二次世界大戦後のことである。

運動が遅れた理由の一つは、この地域が、海峡植民地、連合マレー諸州、非連合マレー諸州、英領ボルネオという異なる行政単位に分けられており、これら四地域を包含した運動は形成しにくかったという事情である。今一つの理由は、この地域には、華人、インド系移民が多数流入したが、フィリピンのメスティーソと異なり、これらの人々の居住地マラヤに対する帰属意識は希薄だったという事情である。

ナショナリズムの高揚が最初に見られたのは、華人の間であった。東南アジアが欧米の植民地支配下に置かれた一九世紀末以降の中国からの移民は、それ以前に比べると、現地社会への同化の動機が低下していた。それはまず、植民地支配下では、現地人は「原住民」として社会の最下層に位置付けられ、華人が現地人の有力者と婚姻関係を結んで社会的上昇をはかる契機が少なくなっていためである。さらに、渡航手段の発展により、中国から単身ではなく妻帯して渡航する者も増えて、現地人との距離が拡大した。

こうした時に、中国人としてのまとまりを説く中国ナショナリズムが、東南アジア華人の間に浸透していったことも、華人と現地人の距離を広げる役割を果たした。清朝の弾圧が直接には及ばない在外華人社会は、清朝に対する革命運動の拠点となった。こうした中国ナショナリズムの浸透は、それまで福建、広東、客家、潮州、海南などの同郷の結合しかもたなかった華人の間に、中国人としてのまとまりを形成した。一九〇六年にシンガポールで中華総商会が生まれ、さらに、地方語ではなく標準中国語(北京官話、マンダリン)による中等教育を行う南洋華僑中学が設立されたのは一九一九年のことだった。同校の設立に大きな役割を果たした実業家の陳嘉庚(タン・カーキー)は、辛亥革命、抗日戦争時の国民政府の強い支持者だった。東南アジアでは、一九世紀半ばまでは、華人社会の中心を担ったのは、現地社会に同化したプラナカンなどと呼ばれた人々だったが、二〇世紀になると、中国からの移民一世で中国ナショナリズムを共有する人々が中心的な役割を果たすようになる。この点では、東南アジアの中国系住民は、東南アジアに仮住まいしている中国人という意味の「華僑」という名称がふさわしい存在に変化していったわけである。

一九一九年に孫文らによって結成された中国国民党は、海峡植民地を中心とする南洋華僑の間に支持を広げ、支部が結成されていたが、一九二一年に中国共産党が結成されると、一九二二年にはその支部もシンガポールに生まれた。一九二五年以降は南洋共産党と名乗り活動をしていたが、一九三〇年にはマラヤと海峡植民地を活動地域とする共産党ということで、マラヤ共産党が新たに組織された。しかし、マラヤ共産党は、依然として華僑中心の共産党だった。一九三七年に中国の抗日戦争がはじまり、国共合作が成立すると、マラヤでも国民党と共産党の協力関係が生まれ、抗日運動が展開されたが、これは、中国ナショナリズムの一翼を担う運動だった。

今一つのナショナリズム運動は、インドネシア・ナショナリズムからの影響を受け、これと連携して「大インドネシア」ないしは「大マレー」の建設をめざそうとするマレー人の運動だった。イブラヒム・ヤーコブらによって一九三八年に結成されたマレー青年同盟という組織が、その主唱者となった。

4 ビルマ——自治州から完全独立へ

英領インドの自治州になっていたビルマでは、植民地支配で衰退していた上座部仏教文化の再興を掲げて、一九〇六年に青年仏教徒連盟が結成された。一九一七年、イギリスはインドの独立運動への対応として、植民地住民に立法・行政権限の一部を委譲する計画(両頭制)を発表したが、ビルマはその適用から除外されていたため、青年仏教徒連盟は、インドからの分離とビルマ人の統治参加を求めるようになった。この動きは、一九二〇年に結成された全ビルマ団体総評議会(GCBA)

に継承された。当時のビルマにはインド人移民が多数流入し、ビルマ人農民がインド人金貸し（チェッティヤー）への借金で土地を失う事態が広がっていたため、GCBAは、両頭制の実施によるビルマ人の統治への参加とともに、非ビルマ人の土地所有の制限なども呼びかけた。GCBAでは、ラングーン大学の学生や仏教僧が大きな役割を果たした。

これに対してイギリスは、ビルマに対する両頭制の導入を認め、一九二三年にはビルマをインドの州と同等の知事が統治する知事州に昇格させ、さらにビルマ統治法によって、一九三七年にはインドからビルマを分離し、直轄植民地として自治政府が発足した。GCBAは立法評議会での活動に力を注ぎ、そのメンバーだったバモー（一八九三〜一九七七）は、同年、直轄植民地の初代首相になった。

一九二九年に発生した世界恐慌の影響がビルマにも及んだ一九三〇年末から一九三二年にかけて、GCBAでの活動経験をもつ元僧侶のサヤー・サンの指導のもとに、納税拒否を叫ぶ大規模な農民反乱が発生した。サヤー・サンは、自らの一党をガロン党と名乗った。ガロンとは、インド神話の神鳥ガルーダのことで、大蛇ナーガをとって食べたガルーダのごとく、イギリス支配者を呑み込んでしまうことを暗示していた。サヤー・サンは、自らを「トゥパンナカ・ガロン・ヤーザ」、すなわちブッダの教えに従って人々を救済するビルマのガルーダ王と称し、蜂起を開始した。ガルーダによる異教徒支配からの解放、ヤーザ＝ビルマの王による支配、仏教的秩序の再建というメッセージによってビルマの農民を立ち上がらせた運動として、この反乱は、一八八五年の独立王朝の滅亡後、人々の結集軸が失われていたビルマで、植民地支配からの解放と独立の達成という目標を、農民にまで広めた歴史的意義をもつ。

一九三〇年には、イギリスの付与した自治の枠組みを重視するGCBAの穏健路線に不満をもつ急進的な都市知識人によって、「われらのビルマ人協会(タキン党)」が結成された。タキン党は、イギリスからの完全独立をめざそうとする団体で、アウンサン(一九一五〜一九四七)はじめその後のビルマの独立運動で中心的役割を果たす人々を輩出した。

第二次世界大戦が勃発すると、イギリスは戦争協力を求めるが、タキン党の青年ナショナリストたちは、独立の約束なしには戦争協力はできないとして、非協力運動を展開した。イギリスがこの運動を厳しく弾圧したため、タキン党の中には、反英武装闘争に踏み切る以外の道はないとする考えが生まれ、その国際的支援者として、インドの国民会議派、中国の国民党や共産党、そして日本など、様々な可能性が想定されるようになっていた。

5 シャムからタイへ――ナショナリズムと立憲革命

一九一〇年に即位したラーマ六世は、親欧米派に対抗してタイの固有文化を重視し、民族・仏教・国王への忠誠を求めた。この三者への忠誠が、その後のタイの官製ナショナリズムの特徴となった。また、一九一一年に中国で辛亥革命が起きると、ラーマ六世は、華人の間での革命思想の浸透を警戒し、経済を支配しながらタイ社会に溶け込まないとして華人を非難し、その中国語教育や経済活動を規制した。

一九二五年に即位したラーマ七世(在位一九二五~一九三五)は、憲法草案の作成に着手したが、王族の反対で進捗しなかった。王が絶対的な地位を占める制度への国民の批判が高まる中で、一九二七年にはフランスに留学中の文官・武官双方を含む青年官僚によって、改革の断行をめざす人民党という政党が結成された。その後、世界恐慌の影響で生じた財政難を、国王が文官の給与削減と軍事費の削減で乗り切ろうとしたことに、官僚たちの不満が高まった。こうして、一九三二年には、軍人のピブーン・ソンクラーム(一八九七~一九六四)、文官のプリーディー・パノムヨンらを指導者とする人民党のクーデタが発生し(立憲革命)、初の憲法が制定され、選挙による人民代表議会が置かれるなど、タイは絶対王政から立憲君主制に移行した。ラーマ七世は、勤王派のクーデタが失敗した後、一九三五年に退位し、ラーマ八世(在位一九三五~一九四六)が九歳で即位した。

一九三八年に首相になったピブーンは、一九三九年には国名をタイに変更し、「文明的なタイ国民」としての国民統合を強調する、民族文化政策を実施した。折からの日中戦争の勃発で、タイ在住華人の間でも抗日ナショナリズムが高まっていたが、ピブーンは、華人を文化的に抑圧し、中国語教育を全面禁止にするなどした。

ベトナムでは、王のもとでの臣下としての人々の一体性という、王朝体制を支える国家意識は存在していたが、阮朝がフランス支配に組み込まれて以降は、これでは抵抗の原理にはなりえず、「血を分けた同胞」としての人々の一体感、つまりは国民としてのベトナム人の結合が模索されるようになった。

こうした課題に最初に挑戦したのは、二〇世紀初頭に活躍したファン・ボイ・チャウ（一八六七～一九四〇）やファン・チャウ・チンをはじめとする開明的文紳たちだった。開明的文紳は、勤王運動の担い手と同じように、科挙試験をめざして儒教を学んだ伝統的知識人だったが、伝統の固守ではもはやフランスに抵抗しえないことを自覚し、清朝の改革派の書物を通じて、意識的に西洋近代の知識の吸収につとめた「開明派」であることが特徴だった。

ファン・ボイ・チャウは、日露戦争後の日本にベトナム青年を留学させて、独立運動を担う人材を養成する東遊（ドンズー）運動を提唱する。一九〇五年に日本にやってきたのは、「同文同種」の友としての日本に援助を求めるという発想で、基本的には伝統的な中華世界観を継承したものだった。しかし、チャウの発想は、その後の日本滞在の中で、それを超えるものに変化していく。彼は、日本にいたアジア各地の革命家との接触を通じて、「同病の友」つまりは被抑圧民族との連帯を求めるようになった。

伝統的文紳の攘夷思想による抵抗の敗北を目の当たりにしたファン・ボイ・チャウらは、ベトナムの「後進性」を自覚せざるをえなかった。その認識枠組みとなったのが、世界の諸民族は、「野蛮」から、「半開」そして「文明」という進化の道を歩み、その間に激しい生存競争があり、「文明」化に失敗した民族には「滅種」、すなわち民族としての存在そのものの危機が待ち受けているという、進化論を人間社会に適用した「社会ダーウィニズム」だった。

チャウらは、ベトナムは「亡国滅種」の危機に直面しているととらえた。これは、国が失われただけでなく、この国を支えるベトナム人の民族的な結合も滅亡の危機に瀕しているという認識である。「忠君愛国」ではなく、血を分けたベトナム人の国民的な一体性の重要さが認識されるようになり、「同胞」という言葉や、建国神話に起源を持つ「龍仙の子孫」としてのベトナム人のまとまりといったことが強調されるようになった。

しかし、他方では、社会ダーウィニズムは、周辺の諸民族を蔑視する面をもっていた。歴史的に中華文明という高文明に連なったことのあるベトナム人は、「半開」から「文明」へと達する可能性をもつた、インドシナでは唯一の存在だと自認した。同じインドシナ植民地に暮らすカンボジア人、ラオス人や山地民は、「同病の友」＝被抑圧民族の連帯の対象とはみなされなかった。

ローマ字化されたベトナム語を植民地支配の道具として忌諱していた知識人の間でも、国民としてのベトナム人のまとまりを形成するために不可欠の大衆啓蒙という点からすると、漢字や字喃に比べて習得のやさしいローマ字表記法の優位を認めるべきだという認識が広がり、ローマ字表記法は「クォックグー(国語)」と呼ばれて広く受け入れられるようになった。

第一次世界大戦後になると、知識人社会では、フランス式教育を受けた新学知識人の活躍が目立つようになり、新聞や雑誌などの形態をとったクォックグーによる言論空間が広がっていった。また、大戦後の好景気の中で進んだ植民地開発によって、資産家や労働者といった新しい社会階層が形成され、こうした階層と結びついた民族運動も登場した。

一九二〇年代半ばまでは、コーチシナの大地主や資産家から支援を受けてブイ・クアン・チュウが結成したインドシナ立憲党や、ファム・クインが主宰し、インドシナ総督のアルベール・サローが提唱した「仏越提携論」に呼応する言論の場となった『南風雑誌』など、比較的穏健な政治潮流の影響力が大きかった。しかし、一九二五年にファン・ボイ・チャウがフランス官憲に逮捕された際に起きた抗議運動、およびファン・チャウ・チンの死去に際しての追悼運動が、学生中心に高揚し、これらの運動を組織し退学処分などを受けた知識青年を吸収して、より急進的な政治グループが台頭してくる。その代表が、グエン・タイ・ホックが一九二七年に結成したベトナム国民党と、一九一一年以来海外で活動していたグエン・アイ・クォック(後のホー・チ・ミン、一八九〇?～一九六九)が一九二五年に広東で結成したベトナム青年革命会とそこから発展した一九三〇年二月結成のベトナム共産党だった。しかし、この二つの結社は、一九三〇年に国民党がイエンバイ蜂起、共産党がゲティン・ソビエト運動という反仏蜂起を組織し、植民地政権によって厳しく弾圧される。

この時期になると、大衆をどれほど組織しているかが、政治勢力の優劣を大きく左右するようになる。この点で注目されるのは、メコン・デルタに生まれたカオダイ教とホアハオ教という新興宗教で、いずれも地上に天国が出現することを願う、人々の「千年王国」的願望をとらえ、両大戦間期に大教団に発展した。また、厳しく弾圧されていた共産党も、一九三六年にフランス本国で人民戦線政府が誕生し、インドシナでの活動が合法化されると、大都市を中心に活動を強化し、サイゴンでは選挙で勝利を収めるなどした。しかし、第二次世界大戦が勃発すると、植民地政権は再び政治活動を厳しく規制し、これに抗して共産党のコーチシナ組織が一九四〇年一一月に計画した南圻(ナムキ)蜂起への弾圧で、地元の共産党組織を壊滅に追い込むとともに新興宗教勢力の反仏運動も抑え込んだ。

一九三〇年にベトナム共産党がインドシナ共産党と改称したことは、ベトナム人の政治運動と、カンボジア人・ラオス人との連携という点では、重要な意味をもった。この改称は、共産党はベトナム人の民族的願望に奉仕するものではなく、仏領インドシナを管轄して国際共産主義運動に奉仕すべきものであるという、コミンテルン(=世界共産党、当時の各国共産党はコミンテルンの支部という位置づけ)の考えによるもので、グエン・アイ・クオックをナショナリズムに偏向していると非難していた、若いベトナム人共産主義者が主導したものだった。インドシナ共産党への改称時に、カンボジア人やラオス人の共産主義者がいたわけではないので、これはベトナム人を中心とする共産党が名前を変更したに過ぎなかったが、結果的に、カンボジア人やラオス人の結集という課題をベトナム人の政治運動に提示することになった。

しかし、このインドシナ革命論は、有効には機能しなかった。彼らは、インドシナ規模での「労働者階級の階級的連帯」を形成しようとしたが、実はこの時代にカンボジアやラオスに存在した農業労働者や鉱山労働者の大半は、ベトナム人だった。階級的連帯の論理では、民族の枠を超えた運動の構築は難しかった。

7　カンボジア・ラオスのナショナリズム

カンボジアやラオスでは、ベトナムと比べるとナショナリズムの展開は遅かった。これは、フランスが、インドシナの統治に際してベトナム中心主義をとり、カンボジア人やラオス人の間での近代教育の普及にあまり熱意を注がなかったためだった。ベトナムにおける新学知識人のような新しい集団の形成が遅れたため、カンボジアやラオスでは、王族や仏教僧という伝統的知識人が重要な役割を果たした。

カンボジアで最初に発行されたクメール語の雑誌は、一九二六年の『カンプチア・ソリヤー(カンボジアの太陽)』で、王立図書館によって発行され、宗教・歴史・文学・言語などの分野を扱った。より政治色が強かったのは、一九三六年にソン・ゴク・タンらが発行した新聞『ナガラ・ワッタ(アンコール・ワット)』だった。この新聞は、反仏的な言辞を控える一方で、ベトナム人による行政職独占や華人による経済支配を批判する記事を多く掲載した。

カンボジアやラオスのナショナリズムには、フランスが仕掛けた側面も存在していた。カンボジアでは、フランスは、アンコール時代の栄光を称えていた。と同時に、その栄光がシャムとベトナムに侵食され、滅亡の淵に追い詰められたカンボジアを救ったのはフランスであるという歴史像を鼓吹した。ラオスでも、ラーオ語の正書法の確立に際して、フランスは、近似したタイ語からの独立という要素を強調した。これもタイの「失地回復」の要求に対抗しつつ、ラオス統治の安定をはかろうとするフランスの意図が反映していた。ラーオ人は、こうしたフランスの意図に乗りつつも、独自の言語ナショナリズムを形成していった。

一九二九年にヴィエンチャンに設立されたパーリ語学校は、ルアンプラバンの王族のペッサラートを校長にした。彼は、フランスへの留学経験をもち、イギリスでも学んだ知識人で、パーリ語学校は、彼をはじめ第二次世界大戦期に形成されるナショナリズム運動で活躍する人々の出会いの場となった。

三　国際共産主義運動と東南アジア

一九二〇年代以降、共産党は、東南アジア各地で、一定の影響力をもつ政治勢力となった。若き日のホー・チ・ミンが、グエン・アイ・クォック＝阮愛国と名乗った例が示すように、共産主義思想の受容の基盤となったのは、ナショナリズムだった。ナショナリストの一部が共産主義に接近したのは、第一次世界大戦の講和に際して「民族自決」が提唱されたにもかかわらず、それはアジア・アフリカの植民地には適用されないことが明らかになり、ソ連だけが植民地解放運動の一貫した支援者に見えたためだった。加えて、レーニン主義、すなわち世界的な帝国主義との闘いにおいて、資本主義国の労働者階級の闘争に並んで、植民地諸民族の解放闘争が最前衛の役割を担うという思想が重要だった。レーニン主義は、植民地の諸民族は「後進的」で、常に欧米が歩んだ道を一世紀遅れて歩んでいるという発想を否定し、これらの人々に世界史的現代を生きているという確信を与えることになったのである。

当時の国際共産主義運動は、コミンテルンの一元的な指導のもとに置かれていた。各国共産党はコミンテルンの支部であり、コミンテルンの意向は絶対的な意味をもっていた。本来、階級闘争を重視してきた共産主義運動にとって、運動における民族的要素をどのように位置づけるかは、難しい課題だった。

中国で第一次国共合作が成立していた一九二四〜一九二七年の時期には、コミンテルンも民族的要素を重視していたが、国共合作が破れると、階級闘争を重視する路線に転換した。そのため、ナショナリズムに偏向しているとみなされたグエン・アイ・クォックは、一九三〇年代前半はソ連で不遇な生活を余儀なくされた。彼の活躍の場は、第二次世界大戦が迫り、コミンテルンもふたたび民族的要素を重視する路線に転換することで開かれた。

当時の各国共産党は、一国一党の原則で、それぞれの国(植民地においては植民地支配の枠組み)を管轄して、帝国主義・資本主義に対する闘争を行う組織で、共産主義者は、その民族的出自を問わず、居住国の共産党に属すものとされていた。一九三〇年に結成された、マラヤ共産党、シャム共産党、インドシナ共産党、フィリピン共産党は、こうしたコミンテルンの考えを反映した共産党だった。南洋共産党という中国的名称は、マラヤでの闘争に奉仕する党という意味でマラヤ共産党に改称され、タイに在住していた南洋共産党に属する華人共産主義者と、ベトナム共産党に属していたベトナム人共産主義者によって、シャム共産党が結成された。

こうした命名の趣旨からすれば、マラヤ共産党にはマレー人の結集が、シャム共産党にはタイ人の結集が、インドシナ共産党にはベトナム人だけでなくカンボジア人やラオス人の結集が課題として提示されたことになるが、いずれの党もこの課題は十分には果たせなかった。マラヤ共産党は華人中心の党、シャム共産党は華人とベトナム人中心の党、インドシナ共産党はベトナム人中心の党であり続けた。こうした問題をはらみつつも、共産党は、東南アジアのナショナリズム運動の重要な一角を担うことになった。

第7講
第二次世界大戦と東南アジア諸国の独立
1940年代～1950年代

アウンサンとビルマ独立義勇軍の「30人の志士」(一部).
前列中央がアウンサン，その右が鈴木敬司

	東南アジア	世　界
1940	日本軍，北部仏印進駐	
1941	ベトナム独立同盟(ベトミン)結成	
	日本軍，南部仏印進駐	
	日本軍，マレー半島上陸，アジア・太平洋戦争開戦	
	日タイ同盟条約	
1942	日本軍，シンガポールなど東南アジア要域を占領	
1943		日本軍，ガダルカナル島撤退
	日本，ビルマに「独立」付与	
	日本，フィリピンに「独立」付与	
	東京で大東亜会議	
1944	日本軍，インパール作戦	
	米軍，フィリピン上陸	
1945	北部ベトナムの飢饉深刻化	
	日本軍，仏印処理，ベトナム・カンボジア・ラオスに「独立」付与	
	ビルマ国軍，日本軍に反乱	
	日本，連合国に無条件降伏	
	インドネシア共和国独立宣言	
	ベトナム民主共和国独立宣言	
1946	フィリピン共和国独立	
1947	タイでピブーン政権誕生	
1948	ビルマ連邦独立	
1949	ハーグ協定でインドネシア連邦共和国に主権委譲	
		中華人民共和国成立
1950	インドネシア，単一共和制に復帰	
		朝鮮戦争勃発
1953	カンボジア，フランスに完全独立を認めさせる	
1954	ジュネーヴ協定，インドシナ戦争終結	
	ベトナム，南北分断	
	東南アジア条約機構(SEATO)結成	
1955	アジア・アフリカ会議(バンドン会議)	
	フィリピン，土地改革法制定	
	ベトナム共和国成立	
1957	マラヤ連邦独立	
1959	シンガポール自治政府発足	

一　第二次世界大戦と東南アジア

第二次世界大戦が勃発した後の一九四一年、ホー・チ・ミン(グエン・アイ・クォック。大戦中からホー・チ・ミンと名乗るようになったので、本講以降はこちらで表記)は、三〇年ぶりに帰国した。翌一九四二年にホーが作成した「わが国の歴史」という詩は、「一九四五年・ベトナム独立」という一節で結ばれていた。この「予言」は、一九四五年九月二日の彼自身によるベトナム民主共和国の独立宣言として現実となる。

ホーに限らず多くの植民地の人々が、第二次世界大戦がはじまった時、植民地支配の終焉が近づいており、独立を実現する機会がそう遠くない時期に訪れるだろうという予感をもった。この点に、植民地の人々にとっての第一次世界大戦と第二次世界大戦の違いが、集約的に表現されているように思われる。

この相違をもたらした主たる要因は、両大戦間期における、植民地従属国でのナショナリズムの発展だった。植民地の人々が、どちらかといえば受動的に世界大戦に動員された第一次大戦とは異なり、第二次大戦前夜には、宗主国が独立の確約をしないかぎりは、植民地の人々からの戦争協力は確保できない状況になっていた。第二次大戦は、帝国主義戦争という第一次大戦と同様の側面とともに、植民地従属国の人々が、自らの独立を求めて主体的に行動する、民族解放戦争としての性格も帯びるようになった。

第二次大戦が複合的な性格を帯びた戦争であったがゆえに、複雑な問題も生まれることになった。その一つが、ファシズム対反ファシズムという対抗軸と、植民地従属国の民族解放との関係である。中国の民族解放戦争のように、侵略者が日本というファシズム勢力であり、それに対抗する解放戦争が必然的に反ファシズムという性格を帯びたケースを、そのまま東南アジアにあてはめるには問題がある。なぜならば、東南アジアの多くは、反ファシズム連合国の植民地であり、中でもイギリス、オランダは、自らの植民地を手放す用意はまだなかったからである。こうした情勢下では、東南アジアのナショナリストにとって、三つの選択肢があった。

第一は、反ファシズムが人類的な最重要課題であると考え、反ファシズム陣営に属する宗主国への戦争協力を行い、そのなかで自己の地位向上をはかる道である。各国の共産党がとったのは、おおむねこの道だった。この選択は、独立闘争への「裏切り」とされる危険があった。

第二は、植民地宗主国に対する独立闘争を重視し、宗主国および植民地政権に戦争をしかけている日本というファシズム勢力と手を組む道である。東南アジアのナショナリストの少なくない部分がとったのはこの道だった。この選択は、「ファシストへの協力」と非難される恐れがあった。

第三は、ファシズム勢力への協力もしないが、反ファシズム陣営に属する宗主国の戦争にも協力しないという道である。インドの国民会議派がとったのはこの道だったが、実際の戦場となった東南アジアでは、これは選択しにくい道だった。

ファシズム対反ファシズムを基準とすれば、この三つは大きな相違だったが、植民地従属国のナショナリズムの側から見れば、この三つは独立という同一の目標へ向かう努力の枠内での選択肢だった。

日本が、一九四一年一二月八日にはじめた戦争を「大東亜戦争」と呼び、欧米列強の植民地支配から東南アジアの人々を解放することを謳ったのも、こうした大戦の構造があったからだった。日本が東南アジアを占領した最も基本的な意図は、石油をはじめとする「重要国防資源獲得」のためだったが、日中戦争を継続しつつアジア・太平洋戦争を起こし、少数の兵力で東南アジアを支配しなければならなかった日本にとって、東南アジアのナショナリストを通じて現地の人々の協力を確保することは必須の課題であり、そのためには「大東亜解放」とか「独立付与」を掲げざるをえなかったのである。日本にとっても、東南アジアのナショナリズムにどのように向き合うかは、重要な課題だった。

第二次世界大戦は、東南アジア史にとって、二つの点で大きな意味をもった。第一は、大戦を機に、東南アジアは現実に独立へと向かっていくという点である。第二は、東南アジアという地域的なまとまりが、国際政治で意味をもつようになったという点である。東南アジアは、この大戦までは、単一の政治権力のもとに統合されたことはなかった。しかし、第二次世界大戦では、東南アジアは日本の軍事的覇権のもとに「大東亜共栄圏」という日本中心の政治秩序に組み込まれた。対する連合国側も、この地域を日本の支配から「奪還」するために、「東南アジア戦区」を設け、以降、東南アジアという言葉が国際政治の舞台でもよく使われるようになり、この地域が一体性をもつと見なされるようになった。

二 日本の戦争

1 日本支配とナショナリズム

近代日本は、朝鮮・満州・中国大陸への進出をはかる北進論を、軍事戦略の基本としてきた。しかし、一九三一年の満州事変、特に一九三七年の日中戦争の勃発以降、国際的孤立を深めた日本にとっては、石油などの重要資源を産する東南アジアは、きわめて魅力ある地域に見えるようになり、東南アジアへの武力南進が唱えられるようになる。第二次大戦の勃発後、一九四〇年四〜六月のヨーロッパ戦線におけるドイツの電撃作戦で、東南アジアに植民地を持つオランダやフランスがドイツに降伏し、イギリスも孤立状態に置かれる状況が生まれた。日中戦争の泥沼にますますおちいっていた日本は、この機に乗じて東南アジアを自己の勢力圏に組み込めば、国際的孤立に耐えうる体制を構築できると考え、武力南進に乗り出した。

その最初の対象となったのは、フランス領インドシナだった。一九四一年六月、フランス本国がドイツに降伏して窮地におちいると、日本は、インドシナの植民地政権と本国に成立した親ドイツのヴィシー政権に圧力をかけ、一九四〇年九月には北部インドシナに、一九四一年七月には南部インドシナに、軍隊を進駐させた（北部仏印進駐、南部仏印進駐）。重慶にたてこもって日本に抵抗する中国国民党の蔣介石《しょうかいせき》政権への国際的支援ルートの遮断という、日中戦争の延長という色彩が強かった北部仏印進駐には、それほど強い反発を示さなかった米国やイギリスも、明らかに対東南アジア向け軍事行動だった南部仏印進駐には激しい反発を示し、日本資産を凍結し、対日石油供給を停止した。ここに日本では日米早期開戦論が台頭し、アジア・太平洋戦争の開戦に突き進んでいくことになる。

一九四一年一二月八日の開戦後、東南アジア地域での作戦を担当したのは、日本陸軍の南方軍であった。南方軍は、翌年一月二日には第一四軍がフィリピンのマニラを占領、二月一五日には第二五軍が極東イギリス軍の拠点シンガポールを、三月八日には第一五軍がビルマのラングーンを、同九日には第一六軍がジャワを占領するなど、東南アジアの要衝をその支配下においていった。独立国タイと、上述のように日本がすでに進駐していたインドシナ以外の地域で、日本は、米国、イギリス、オランダの植民地政権を打倒し、軍政を施行した。

軍政の実施は、開戦に先立つ一九四一年一一月二〇日の「南方占領地行政実施要領」で定められた方針だった。この「要領」は、「治安恢復」「重要国防資源獲得」「現地自活」を、軍政の三大基本方針とした。日本にとっては、東南アジア占領後は、日本が必要とする重要資源を確保し、作戦軍が現地で必要な物資を調達し自活できるようにすることが最重要課題だった。そして、現地のナショナリズムに対しては、日本の占領が現地の独立を支援するもののごとく受け止められないように注意していた。「大東亜解放」は、宣伝スローガン以上には意味をもたないようにと、「要領」は釘を刺していた。

このように開戦当初は「自存自衛」の論理を前面に押し立てていた日本だったが、戦局の悪化とともに、「大東亜解放」や「独立付与」を強調するようになる。日中戦争を継続したままでアジア・太平洋戦争に突入した日本には、大規模な兵力を東南アジアに割く余力はなかった。総兵力は一〇個師団、二〇万強だった南方軍が、この広大な東南アジアを連合軍の反攻から防衛するためには、現地住民の協力を得ることは必要不可欠な課題であり、そのためには、大衆に影響力をもつナショナリストの協力を得ることが重要な意味をもった。

戦局が悪化しはじめる一九四三年、日本はビルマとフィリピンに「独立」を付与し、「大東亜共栄圏」内の「独立国」の代表を東京に集めた大東亜会議が開催された。その後一九四五年にかけては、インドシナ三国(ベトナム・カンボジア・ラオス)とインドネシアも「独立付与」の対象となった。

こうした「大東亜外交」の展開には、戦後を展望して民族自決などを謳った英米の「大西洋憲章」(一九四一年)に対抗して、「民族自主」という理念を積極的に提示しようとする、重光葵《しげみつまもる》外相や外務省などの思惑もあったことは確かである。ただし、「独立付与」が日本の国策として現実味を帯びるには、戦局が悪化し、連合軍に対抗するには占領地住民にいっそうの戦争協力を求めざるをえないという、逼迫した事情が必要だった。

しかし、こうした日本の付与した「独立」には、大きな限界があった。「大東亜共栄圏」は、あくまでも日本中心の秩序であり、東南アジア諸国の位置は日本の都合と意思で決められるものだった。日本の付与した「独立」は、西欧的な「絶対主権」の原理を否定し、日本の「指導」に服すべきものとされた。

しかしながら、形の上だけにせよ「独立」を容認せざるをえなかったことは、日本にとっての桎梏となり、様々な局面で日本は、対日協力をしていた東南アジアのナショナリストの主張を容認せざるをえなかった面もあった。フィリピンでは、ラウレル政権は、日本からの対米宣戦の要求を拒否したし、タイのピブーン首相は、自らの大東亜会議への参加を拒み、ビルマのバモーも、大東亜会議の折に東条首相との懇談で、ビルマでの日本軍による物資・労役の徴発を批判した。日本は、東南アジアの各地で顕在化したナショナリズムに、否応なく向き合わざるをえなかったのである。

2 「大東亜共栄圏」の経済的側面

経済面では、日本軍の東南アジア支配は、それまで築かれていた宗主国との関係や、アジア域内交易などの貿易構造を切断して、日本を東南アジアの鉱産物資源やその他の戦略物資の独占的輸入国とした。それは裏返せば、日本が東南アジアに対する工業製品の一元的輸出国とならねばならないことを意味していたわけだが、この時期の日本の経済力は脆弱で、十分な工業製品の供給能力をもっていなかった。そこで起きたのは、十分な工業製品供給という対価なしでの資源の略奪という、いわば「最悪の植民地支配」だった。大戦末期には、連合軍の反攻で、海上交通に困難を来すようになったことも加わり、どこでも深刻なモノ不足とインフレが発生した。

戦争末期の経済的混乱が招いた最大の悲劇は、一九四五年にベトナム北部で発生した大飢饉である。インドシナに日本が最も期待した戦略物資は米で、日本や他の日本支配地域への輸出と、現地にいる日本軍の自活に用いられた。国外への米の輸出は、もっぱら南部のメコン・デルタから行われており、北部は、もともと人口に比して米の生産が足りない地域だった。

上述のとおり、アジア・太平洋戦争の開戦以前に日本軍が協定によって進駐していたインドシナでは、フランス植民地政権が開戦後も統治を続けていた。一九四五年三月、植民地政権のこれ以上の対日協力は不可能と判断した日本が、「仏印処理」と呼ばれる武力クーデタを行うまで、インドシナは日本とフランスの二重支配下にあった。ここで、フランス植民地政権は一九四三年から、米を安価で農民から強制的に買い付ける制度を実施した。これは、日本側の食糧供給の要求に応えるとともに、植民地政権が、いずれは予想された日本軍との対決に備えて自らの備蓄を確保するためのものだった。

このような買い付け制度は、東南アジアの他の地域では日本の軍政当局が実施していたが、統治経験の長いフランス植民地政権による買い付けは、より効率的に徹底して行われたものと思われる。そのために、農村の窮乏化が進んだにとどまらず、通常であれば農村に飢饉への備えとして蓄えられている米すら、払底してしまう状況が生じていた。

このような状況のもとで、直接的には一九四四年秋作以降の天候不順が引き金となって、飢饉が発生した。加えて戦時下での要因が、その被害を甚大なものとした。それは、上述の米買い付けによる農村の備蓄米の払底に加えて、日本が、ジュートなどの繊維性、油性の作物の栽培を奨励したため、飢饉に強い雑穀の栽培も減少していたこと、ベトナム北部は、通常でも南部からの米の移入に頼っていたが、一九四五年には、米軍の爆撃によって輸送が困難になっていたことなどであった。こうした要因が重なって、ホー・チ・ミンが一九四五年九月に読み上げた独立宣言では二〇〇万人の犠牲者が出たとされる、深刻な飢饉が北部で発生した。

この一九四五年飢饉は、客観的資料が乏しい出来事だったが、大戦終結五〇周年を前にした一九九〇年代前半に、被害の実態を、村や部落といった「点」でできるだけ正確に復元しようという調査が北部の二三の村で行われ、筆者も参加した。そのうち二二カ村で、一九四五年当時の村の総人口と、世帯構成、世帯ごとの飢饉時の死者数を、ほぼ正確に復元することができた。村の総人口に対する死者の比率は八・三七〜五八・七七％で、被害規模には地域的多様性があるものの、きわめて広い範囲で、深刻な被害が出たことが確認された。

三 「日本を利用しての独立」から「自力による独立」へ――ビルマとインドネシア

以下では、東南アジアのナショナリストの日本への対応を、いくつかのタイプに分けて見ておきたい。最初は、ナショナリストが、対日協力をすることで植民地宗主国と戦う実力を身に着けようとする、「日本を利用しての独立」という戦略を当初は選択したが、後には、日本による「贈り物」としての「独立」から離れ、「自力による独立」を選んでいった、ビルマとインドネシアのケースである。

ここで重要な役割を果たすのは、ビルマのアウンサンと、インドネシアのスカルノである。ふたりとも、第二次世界大戦前には、日本と特段の結びつきをもっていたわけではなく、親日家と目されていたわけでもなかった。彼らが日本と結びついたのは、すでにビルマやインドネシアのナショナリズムを代表する人物になっていた彼らの協力を、日本が必要としたからだった。

東南アジアのナショナリストの中には、米比戦争時の軍事指導者で、その後日本に亡命していたアルテミオ・リカルテや、ベトナムの東遊運動でファン・ボイ・チャウによって盟主に推戴され、その後日本での亡命生活を送っていた阮朝皇族のクオンデ侯など、日本との長い結びつきをもった人物が存在していたが、これらの人物は、フィリピンやベトナムでも、第二次世界大戦期に大きな役割を果たすことはなかった。したがって、この時期の、東南アジアのナショナリストの対日協力で大きな役割を果たすのは、親日派ナショナリストというよりは、すでに各国でナショナリズムを代表するようになっていた人物で、その点でも主導権は日本ではなく、ナショナリズムの側にあったのである。

1　ビルマ

イギリスは、ビルマに自治を与えたが、戦争が迫ると対英協力という枠組みから外れ、戦争非協力運動を展開した、タキン党の急進的なナショナリストを厳しく弾圧するようになった。そのため、タキン党の中には反英武装闘争に踏み切る以外の道はないとする考えも生まれ、ありうる国際的支援者の一つとして日本と結ぶ可能性も想定されるようになっていた。この時点では、タキン党にとっては、日本は、インド国民会議派、中国国民党、中国共産党などと並ぶ、ありうる外部支援者の一つにすぎなかった。

いっぽう日本の軍部は、一九四〇年になると、フランス領インドシナ同様、蔣介石政権への国際的支援ルートとなったビルマの攪乱を構想し、参謀本部の鈴木《すずき》敬司《けいじ》大佐を担当者とした。鈴木大佐は、「新聞記者の南」と名乗って一九四〇年六月にラングーンに入り、タキン党のメンバーとの接触に成功した。その時、鈴木大佐は独断で、「日本はビルマの独立を、武力を与えて支援する」という約束をした。これは、日本の国策とは無関係の「空手形」だったが、タキン党の急進派の関心を日本に引き付けるうえで、きわめて効果的だった。

当時、アウンサンは、イギリス当局の弾圧を逃れ、中国共産党と連絡をとって武器援助を得るという目的で、中国の廈門《アモイ》にいた。鈴木大佐は、日本の憲兵隊にその保護を依頼し、アウンサンは一九四〇年一一月には東京に護送された。

一九四一年に入り、東南アジアへの軍事進出をより本格的に考えるようになった日本の軍部は、対ビルマ工作機関の設置を認め、鈴木大佐を長とする南機関が設置された。南機関は、三〇人ほどのビルマ人青年を国外に脱出させ、海南島で軍事訓練をした。

アジア・太平洋戦争が始まると、鈴木大佐は、訓練したビルマ人をタイに送り、かれらを中心としてビルマ独立義勇軍(BIA)を結成、ビルマ国内への進撃を開始した。

一九四二年一月一四日、日本の第一五軍は、マレー作戦の後方支援としてビルマ領への攻撃を開始した。当初、日本軍にはビルマを占領する予定はなかったが、南方作戦の順調な展開を見て作戦は拡大され、一月二二日にはビルマ要域の占領という作戦命令が出され、三月八日にはラングーンを占領した。この間、ＢＩＡはビルマ独立を掲げて進撃し、民衆の熱狂的な歓迎を受け、その規模は急速に増大し、各地に地方行政組織が樹立されていった。

しかし、ビルマを占領した日本軍には、ビルマをただちに独立させる意思はなく、六月四日には軍政が施行されることになった。ＢＩＡが樹立した地方行政組織には解散命令が出され、ＢＩＡは規模を大幅に縮小されてビルマ防衛軍（ＢＤＡ）として、日本軍に従属する部隊とされた。八月一日に発足した中央行政府というビルマ人の自治組織では、タキン党よりは、旧世代の穏健なナショナリストや植民地官吏が重用され、長官に就任したのは、英領期の自治政府の初代首相だったバモーだった。

こうした展開の中で、アウンサンらタキン党の急進派ナショナリストは対日不信を抱くようになるが、当面は対日協力という枠組みからは離脱せず、アウンサンもＢＤＡ司令官として日本への協力を続けつつ、自らの力をつける道を選んだ。しかし、南機関は、日本軍政当局から危険視され、解散させられることになった。

ビルマは、連合軍の反攻の際には最前線になることが予想された。そこで日本は、一九四三年八月にはビルマに「独立」を付与し、バモーが国家元首となった。しかし、この「独立」が実体をともなわないものであったことや、労務者徴用の強化、米価下落による米の生産の低下などから、人々の不満は拡大した。タイとビルマを結ぶ泰緬《たいめん》鉄道の建設工事では、三万人以上のビルマ人労務者が犠牲になったといわれる。

こうした状況下で、アウンサンも反日活動にかかわっていく。アウンサンは、「独立ビルマ」の国防大臣に就任していたが、日本軍のインパール作戦（一九四四年三〜七月）が失敗した後の一九四四年八月には、アウンサンを議長とし、ビルマ国軍（ＢＮＡ。防衛軍が改称）、ビルマ共産党、人民革命党（のちに社会党に改称）の三勢力により、秘密の抗日統一戦線組織である反ファシスト人民自由連盟が結成された。

その後、イギリス軍の反攻が本格化した一九四五年三月には、アウンサンの命令でＢＮＡも日本に反旗を翻し、日本軍への攻撃に加わった。一九四五年六月一五日、愛国ビルマ軍（ＰＢＦ）と改称したＢＮＡは、イギリス軍とともにラングーンに入城した。

2　インドネシア

オランダは、ナショナリストに対して、独立や自治の約束という譲歩の姿勢をみせず、弾圧を強化していた。そのため、蘭領東インドでは、当初は、侵攻した日本軍は現地の人々から「解放軍」

として歓迎された。

日本軍は占領後、ジャワでは第一六軍が、スマトラでは第二五軍が、その他の地域では海軍が軍政を担当した。日本軍は、スカルノら、オランダによって流刑に処せられていたナショナリストたちを釈放し、対日協力を求めた。スカルノは、対日協力に踏み切った理由を、日本軍の支配は長続きせず、いずれは戦争に敗北するだろうという見通しからだったと回想している。

日本は、民衆動員のために大政翼賛会的な組織をつくり、そのトップにスカルノをすえた。一九四三年に結成された民衆総力結集運動(プートラ)、その後身として一九四四年に結成されたジャワ奉公会がそれで、これらのもとに青年団、婦人会、農民道場、隣組など、さまざまな社会組織が結成された。特に隣組は、住民を相互監視と連帯責任の網に組み込み、軍政当局の命令を伝達し、物資や労働力の供出を行い、配給制度の実施単位にもなるなど、きわめて重要な役割を果たした。また宗教面では、日本はイスラム勢力の協力確保のために、一九四三年にマシュミ(インドネシア・イスラム教徒協議会)を設置した。

人口の多かったジャワは、日本の労務者徴用の重点地域となり、その数はジャワ島外に送られた人で三〇万人に達し、遠くは上述の泰緬鉄道工事にも派遣された。「ロームシャ」という言葉は、日本支配期の暗い記憶として、インドネシア語の中に定着していった。

さらに日本軍は、一九四三年以降、ジャワとバリで郷土防衛義勇軍(ペタ)、スマトラ・マレーで義勇軍と呼ばれた軍事組織を編成し、インドネシア人に軍事訓練を行った。ペタは終戦時にジャワで六六個大団三万三〇〇〇名、バリで三個大団、スマトラ・マレー義勇軍は約一万名弱を擁するまでに拡大し、独立後のインドネシア国軍の中核となった。

日本は当初、石油・ゴムなどの資源が豊富なインドネシアについては、直接支配下に置くことを意図しており、一九四三年の段階では「独立付与」の構想はなかった。しかし、戦局の悪化に伴い、民心掌握の必要から方針を転換し、一九四四年九月には当時の小磯國昭《こいそくにあき》首相が将来の「独立付与」を表明したが、具体化しなかった。貿易の途絶と日本軍による物資・労務者の徴発強化などにより、経済状態が悪化したこともあって、インドネシアの人々の間での日本軍政に対する不満が高まり、一九四五年二月には東ジャワのブリタルで、ペタの大団の蜂起が起きるなどした。

戦争末期、日本もようやく重い腰をあげ、一九四五年三月には独立準備調査会を設置し、終戦間際の七月になってようやくインドネシアへの「独立付与」を決定した。八月七日には独立準備委員会を発足させ、スカルノらその代表を、南方軍の総司令部が置かれていたベトナムのダラトに呼び寄せ、正式の委員任命を行った。スカルノらがジャカルタ(一九四二年にバタヴィアから改称)に戻ったのは、八月一四日のことだった。

当時ジャカルタには、独立の意欲にもえた急進的な青年グループが存在していた。そうした青年グループは、もともと日本軍政下の訓練機関で教育を受けていたが、スカルノらが進める、日本が引いた軌道に沿って独立するという道を批判するようになっていた。そして、いまやインドネシアの独立はインドネシア国民の問題であり、権利であるので、インドネシア人自身で独立を宣言すべきだと考え、スカルノに同調を求めた。しかしスカルノは、日本軍との事前協議なしにはそのような行動はとれないとしたため、青年たちはスカルノを拉致した。

この緊迫した状況下で、ジャカルタにおかれた日本の海軍武官府の責任者だった前田精《まえだただし》少将は、かねて連絡をもっていたこれら青年たちにスカルノ釈放を説得し、独立宣言の場として、日本陸軍の干渉を受けにくい少将の邸宅を提供することにした。スカルノは八月一七日、ここで、青年たちの主張していた路線に沿って、自主的にインドネシア共和国の独立を宣言した。インドネシア共和国は、日本からの「贈り物」ではない、自らの意思による独立を宣言したわけである。

四　反日と「日本を利用しての独立」の交錯——ベトナム

フランスは、第二次世界大戦が勃発した時点で、ベトナムを含むインドシナの自治や独立に関して、いかなる譲歩の姿勢も示さず、ナショナリズムを抑え込もうとしていた。この点では、すでに強力な民族運動が存在したベトナムには、日本への期待が存在しても不思議ではなかった。

しかし、その日本がフランス植民地政権の存在を容認し、ベトナム史で日仏共同支配と呼ばれる状況が出現したことは、ベトナムの政治に二つの重要な影響を及ぼした。第一に、フランス植民地政権と日本が手を組んだために、それらと闘うことは反ファシズム闘争であると位置づけられた。インドシナ共産党は、連合国の側にたつ植民地政権と協調するかどうかという難問に直面することなく、反ファシズムの立場から日仏共同支配を打倒するという目標を掲げることができたのである。第二に、ベトナムの独立を支援することを期待されていた日本がフランスと手を組んだことは、ベトナム人の間で親日派が力を増すことを妨げた。この二つの事情はいずれも、一九四一年五月にホー・チ・ミンが結成した、日仏共同支配を打倒してベトナムの独立をめざすベトミン（ベトナム独立同盟）が、有力な政治勢力として台頭するのを助けることになった。

もっとも、植民地政権の弾圧体制は強固で、ベトミンは、中越国境の山岳地帯の少数民族の間で強力な基盤を築いた以外には、大きな発展はできていなかった。この状況に大きな変化が生まれたのは、先に述べた北部における飢饉の発生と、その最中に行われた日本軍による「仏印処理」だった。フランス本国では対独協力をしていたヴィシー政権が倒れ、東南アジアでも日本にとって戦局が悪化し、これ以上フランス植民地政権の対日協力は期待できないと判断した日本は、一九四五年三月「仏印処理」で植民地政権を打倒した。その後、日本は、ベトナム、カンボジア、ラオスの国王に、それぞれの王国の「独立」を宣言させる一方、フランスのインドシナ総督府の権限は日本が引き継ぎ、インドシナを直接支配下においた。

「仏印処理」後すみやかに三国に「独立付与」するというこの政策は、重光葵外相の「大東亜外交」に、最後は軍部も同調した結果だった。当初、軍部、特に陸軍は、「仏印処理」は連合軍のインドシナへの進攻に備えるためのものであって、「独立付与」は余計な混乱を招きかねないと反対していた。その軍部が外相案に賛成したのは、ソ連を仲介としての連合国との終戦工作に期待をもっていたからであった。すなわち軍部は、ソ連がいう「民族自決」にそってインドシナ三国を独立させるしかないという、外相の説得を容れたのである。軍部としては、三国の国王が「独立」を宣言してくれさえすればよかったのであり、その「独立」に実体を与えることには興味をもっていなかった。現地軍司令官も、連合軍を迎え撃つことに力を集中することが先決で、独立政権の組織をめぐって混乱が起きることを望まなかったため、一九四五年三月当時の国王(ベトナム=バオダイ、カンボジア=シハヌーク、ラオス=シーサワンウォン)に「独立」を宣言させるということになった。

この推移は、その後のベトナムの情勢に大きな影響を与えた。大戦当時、日本には、上述したようにクオンデ侯が保護されていた。ベトナムの親日派と、インドシナ現地の日本当局の一部には、「仏印処理」を実施した際には、親仏的な皇帝バオダイを廃位して、クオンデを擁立するという構想があった。しかし、ベトナムの政治的混乱を嫌った日本の軍部は、このクオンデ擁立のシナリオには乗らなかった。これは、ベトナムの親日派の期待を裏切る行為で、その後、親日派が勢力を拡大できず、ベトミンが独立を主導する流れを強めた。

後のベトナム戦争の時代に、南ベトナムの大統領として活躍するゴ・ディン・ジエムは、この当時の親日派ベトナム人の中心人物だった。彼は、「仏印処理」後にバオダイに仕えることをよしとせず、政権参画を断った。そのため、バオダイのもとでは、それまであまり政治経験のない知識人だったチャン・チョン・キムを首班とする内閣が組閣された。キム政権は、まずは日本から「付与」された独立を利用して実力を蓄え、戦後に復帰が予想されるフランスと戦う力を養成するという発想から、少なくない都市知識人の支持を得た。

しかし、時間が経過するにつれて、キム政権は、飢饉に有効に対処できないなど、「日本に容認された政府」としての限界が見え、逆に「日本の籾蔵を襲って飢饉を救え」というスローガンを掲げたベトミンの活動が広がり、キム政権の内部からもベトミンを支持する人が出るようになった。ベトミンの側も、知識人の「日本を利用しての独立」という発想には寛容に対処し、こうした人々を対日協力者として断罪することはしなかった。

かくして、日本が降伏を宣言した一九四五年八月、ベトナム各地では、「国の主人公として連合軍を迎える」というベトミンが呼びかけた八月革命の総蜂起が起き、キム政権から権力を奪取した。フエでは、バオダイ帝がベトミンへの政権譲渡を決意し、退位を宣言した。八月革命は、キム政権からの権力奪取だったが、キム政権支持者からもベトミンへの参加が広がったため、武力衝突はほとんど発生しなかった。かくして、日本軍の武装解除のための連合軍の進駐がはじまる以前の一九四五年九月二日、ホー・チ・ミンの名でベトナム民主共和国の独立が宣言された。ベトナムでも、日本が「付与」した「贈り物としての独立」から、ベトナム人自身の手による独立へという展開が見られたのである。

五　敵意に囲まれた日本——フィリピンとタイ

一九三五年に独立準備政府たるコモンウェルス政府が発足し、宗主国米国によって一〇年後の独立が約束されていたフィリピン、独立国だったタイには、日本軍を「解放軍」として歓迎する理由はなかった。日本軍は、敵意に囲まれていたといってよかろう。こうした状況で、現地のナショナリストたちは、表向きは対日協力の姿勢を示しつつ、自らの目標を追求した。

1　フィリピン

フィリピンでは、日本軍は敵意をもって迎えられ、極東米軍が組織したユサフェや、共産党が組織したフクバラハップなどの反日ゲリラ活動に悩まされることになった。

日本支配に、少なくとも表向き恭順な姿勢を示したのは、コモンウェルス体制を支えていたエリートたちだった。エリートの多くは大地主だったが、彼らには、一九三〇年代に台頭した共産党やサクダル党などの社会革命勢力に対抗して、自らの権益を守るという思惑があった。コモンウェルス体制で初代大統領だったケソンは米国に亡命し、ワシントンに亡命政府を樹立するが、ケソンの秘書長だったホルヘ・バルガスは残留して対日協力に踏み切り、日本軍政下で発足した比島行政府の長官となった。体制派エリートの中には、表向きは対日協力によって権益擁護をはかりつつ、裏ではユサフェ・ゲリラと通ずるものも少なからずいた。フィリピンでは、日本支配は現地エリートに「利用」されただけで、政治的・社会的変化はあまり起きなかったといえるかもしれない。

日本軍政下で、大政翼賛会的組織として新比島奉仕会(ガリバピ)が結成され、住民を隣組に編成して、抗日ゲリラ防止の相互監視機構とした。米軍の反攻が迫った一九四三年一〇月には、日本はフィリピン共和国に「独立」を付与し、戦前からのエリートで最高裁判事をつとめていたホセ・ラウレルを大統領にした。ビルマをはじめとする東南アジアの他の地域とは異なり、フィリピンでは、ゲリラへの警戒から、日本軍は共和国の軍事組織をつくらず、わずかにマカピリと呼ばれる日本に協力する民兵組織が存在しただけだった。

しかし、反日ゲリラの活動は根強く、日本支配は、より暴力的・抑圧的色彩をあらわにした。そうした傾向は、米軍の反抗でフィリピンが戦場となり、日本の敗色が濃くなる中でいっそう強まった。一九四五年二月、米軍とのマニラ市攻防戦のおりに多数の住民が日本軍に殺戮されるなど、各地で住民虐殺事件が発生した。

2 タイ

タイでは、ピブーン首相がフランスやイギリスからの「失地回復」を唱え、まず一九四〇年にはフランス領インドシナとの間に戦争を起こした。日本は、この戦争をタイに有利な形で調停し、ラオスのメコン西岸と、カンボジアの西部がタイに割譲された。アジア・太平洋戦争が勃発すると、一九四一年一二月二一日には日タイ同盟条約が結ばれ、タイは日本の同盟国として連合国に宣戦布告するとともに、日本軍の駐屯を認めることになった。日本軍の駐屯は歓迎されざる出来事だったが、タイは、同盟条約を「活用」し、日本の消極的姿勢を押し切ってビルマにタイ軍を送り込み、「失地回復」の対象だったシャン州に軍を駐留させた。タイは、タイを味方にすることの価値を巧みに日本にアピールし、このシャン州に加えて、第5講で述べた一九〇九年のイギリスとの条約で英領マラヤに組み込まれていたマレー半島の四州の「失地回復」も実現した。

その後、泰緬鉄道の建設にタイからも多数の労働者が徴用されるなど、戦争の負担が人々の生活を圧迫するようになった。そうした中で、一九四三年一一月に東京で開催された大東亜会議には、ピブーン首相自身は出席せず、代理の派遣にとどめるなど、ピブーンもしだいに日本から距離を置くようになった。日本軍の敗色が濃くなる一九四四年には、ピブーンは下野し、人民党文官派の人物が首相になった。この政権は、表向きは対日協力を続けたが、他方では連合国側につくタイ人の組織の「自由タイ運動」と結びついていた。

日本がポツダム宣言を受諾すると、一九四五年八月一六日、自由タイ運動に結びついていた摂政プリーディー・パノムヨンは、国王の名のもとに、「対米英宣戦布告はタイ国民の意思に反して、日本に強制されて行った」という趣旨の平和宣言を発し、戦後世界で枢軸国扱いされることを回避した。

六　異なる対日感情――マラヤ、シンガポール

民族集団ごとに支配者への対応が異なることは、植民地においてよく見られる事態だったが、シンガポールを含むマラヤでは、それが浮き彫りになった。

すでにふれたように、アジア・太平洋戦争の開始以前から、シンガポールを含むマラヤが、華人の抗日運動の拠点になっていたため、マラヤにおける日本軍政も華人に対しては威圧的だった。日本軍がシンガポールを占領した直後の一九四二年二月には、第二五軍によって、華人男性に対する憲兵隊による「検証」が実施され、「反日分子」の疑いがかけられた多数の華人が殺害された。その犠牲者は日本側の記録では五〇〇〇人とされ、シンガポールでは五万という数が一般化している。

こうした華人粛清事件は、マレー半島の各地で発生した。総じて、シンガポールが「昭南島」と改

称されたことに典型的に示されるように、威圧的な「日本化」が強行されたこともマラヤ軍政の特徴だった。

一方で日本軍は、華人の経済力に期待もしており、巨額の献金を華人に求めた。華人の中には、面従腹背で、表向き経済面では日本軍政に協力する一方、反日団体との連絡も保持する人が多数いた。華人に基盤を置くマラヤ共産党は、一九四二年三月にはマラヤ抗日人民軍という反日武装組織を結成し、一九四四年になるとセイロンにあった連合軍東南アジア司令部からの支援も受けるようになった。

他方、マレー人に対しては、日本はそのナショナリズムの取り込みをはかった。日本は、前講で述べたマレー青年同盟に接近し、そのリーダーだったイブラヒム・ヤーコブは、一九四四年には日本軍によって組織されたスマトラ・マレー義勇軍の将校になった。インドネシアのスカルノと連携をとって、インドネシアとマラヤを包摂する「大インドネシア」の実現を図ろうとしたが、日本の敗戦でその夢は絶たれた。日本は、資源を豊富に産するマラヤを日本の領土に編入する計画だったこともあり、同盟の強大化を望まず、同盟はやがて軍政当局から解散を求められることになった。こうした中で同盟の一部には、マラヤ共産党との接触を試みる動きが生まれた。

七　インドネシア独立戦争と第一次インドシナ戦争

1　インドネシア独立戦争

第二次世界大戦が終結した時点では、オランダもフランスも植民地支配を放棄する意図はなかった。そのため、インドネシア、インドシナでは、独立を求める人々との間での戦争が始まった。

衝突は、まず日本軍の武装解除のために上陸してきた英印軍との間で起きた。これは、イギリスが、植民地大国として、オランダ、フランスの復帰に同情的だったためだった。インドネシアでは、一九四五年一〇月末に、東ジャワのスラバヤに上陸した英印軍との間に衝突が起こり、独立戦争の火ぶたが切られた。オランダ軍の復帰も本格化した一九四六年一一月には、オランダとインドネシア共和国の間で、共和国によるジャワ、マドゥラ、スマトラの支配を認めたリンガジャティ協定が結ばれたが、オランダが東ジャワで軍事行動を再開したため、協定は崩壊した。

オランダはジャワ、スマトラの主要都市を占領する一方、各地に共和国に対抗する傀儡政権を立てた。しかし一九四七年には国連が介入して、四八年一月にはレンヴィル協定によって停戦が成立した。その後一九四八年九月には東ジャワのマディウンで、インドネシア共産党とその影響下にある部隊が、共和国政府に対抗してクーデタを試み、鎮圧されるという事件が発生した(マディウン事件)。この共和国側の混乱につけこんで、オランダは軍事攻勢を強化し、一九四八年一二月にはスカルノら共和国の指導者多数を逮捕した。

しかし、この軍事攻勢はオランダへの国際的非難を招き、一九四九年一二月には国連安保理が共和国指導者の釈放を決議した。米国も、東西対立が強まる中で、共産党の反乱を鎮圧した共和国政府を評価するようになり、オランダに圧力をかけた。オランダは和平協議に応じざるをえなくなり、一九四九年一二月に発効するハーグ協定で、インドネシア連邦共和国への主権委譲を約束した。一九五〇年に入ると、オランダが擁立していた連邦構成各国は、次々に自らを解散して共和国に合流した。同年八月には共和国暫定憲法が公布されて、連邦制は廃止され、単一のインドネシア共和国が成立した。

2　第一次インドシナ戦争

いっぽう、フランスの復帰は、英印軍が進駐した北緯一六度線以南のベトナム南部ではじまり、一九四五年九月二三日には、英印軍の支援を受けたフランスが、サイゴンのベトナム民主共和国勢力と衝突を起こした。北部には中国国民党の軍隊が進駐したが、それが撤退する一九四六年三月、フランスはフランス連合(戦後の第四共和政のもとで構築された、フランスと植民地からなる国家連合)内でのベトナム民主共和国の独立を認める協定を結んだ。ところがその後フランスは、ベトナム民主共和国によるベトナム統一を拒否し、一九四六年一二月には、ベトナム民主共和国とフランスの間で戦争が本格化した。

フランス軍は、カンボジアとラオスでも、独立派の抵抗を排除して、これを再制圧し、カンボジアのシハヌーク王、ラオスのシーサワンウォン王のもとの王国政府を抱き込んだ。しかし、クメール・イサラク、ラオ・イサラと総称される独立派の抵抗は続いたため、戦争はインドシナ全域に及び、ベトナム、カンボジア、ラオスの独立勢力とフランスの戦争は、インドシナ戦争と呼ばれるようになった。

この戦争は、インドネシア独立戦争の場合と同じ独立戦争だったが、その解決には一九五四年までという、より長い時間を要した。それは、インドシナ戦争が東西対立の枠組みに組み込まれたからである。

東西対立に組み込まれるまで、ベトナム民主共和国は、共産党が政権を握っている国としては、きわめてユニークな存在だった。まず、権力を掌握した共産党自身が、一九四五年一一月には「自発的解散」を宣言した。これは、北部に進駐していた中国国民党軍との摩擦を避けるための措置だったが、ベトナム民主共和国が「共産党政権」ではなく「愛国者の政権」であることをアピールするための措置でもあった。実際にも、ベトナム民主共和国の閣僚には、「仏印処理」後のキム内閣の閣僚を務めたような人も含まれていた。また、中国では国民党との内戦に突入した共産党が、地主制を廃絶する土地改革をすでに実施していたが、ベトナムでは、愛国地主を反仏統一戦線に結集するために、発動しないことにしていた。

ベトナム民主共和国の抵抗など簡単に一蹴できると考えたフランスの目論見ははずれたが、ベトナム側も苦戦をしいられ、戦争は長期化の様相を見せていた。このような時に、一九四九年一〇月、中国に共産党が政権を握る中華人民共和国が成立したことは、ベトナムの抗戦に確固とした後ろ盾が出現したように見えた。新中国および、社会主義陣営の盟主たるソ連の支持を獲得するため、一九五〇年初頭、ホー・チ・ミンは中国を経由してモスクワに赴いた。当時のモスクワには毛沢東も滞在しており、二月には毛のとりなしでスターリンとホー・チ・ミンの会談が実現した。この時、スターリンは、中ソなどの社会主義陣営(当時は「民主陣営」と自称)の支援がほしいならば、ベトナムのユニークさを放棄せよと、あからさまに迫った。

当時は、「中国モデル」が、スターリンも公認した「アジア革命」の普遍モデルだった。ホーには、ベトナムのユニークさを放棄し「中国モデル」を導入するという選択肢しかなかった。一九五一年、それまで地下に潜行していたインドシナ共産党は、ベトナム・カンボジア・ラオスの三党に分離されることになり、ベトナムに関してはベトナム労働党という名称で党が公然化することになった。ベトナム民主共和国は、この労働党の指導のもとにある、世界の「民主陣営」の一員であることが強調されるようになった。ホーは、スターリンを「世界革命の総司令官」、毛沢東を「アジア革命の総司令官」と呼んだ。さらに、抗戦中にも土地改革の発動が想定されるようになった。こうしたイデオロギー的連帯を強調することで、ベトナム民主共和国は、中華人民共和国からの支援を確保したが、それは、そのユニークさの喪失という大きな代償を伴うものだった。

いっぽう、中華人民共和国の成立以降、米国は、共産中国の影響力拡大を阻止するという、東西対立の文脈から、フランスの戦争を本格的に支援するようになった。かくしてこの戦争は、東西対立の構造に組み込まれたのである。

米国からの圧力もあって、フランスは、しだいにナショナリストに譲歩する姿勢を示すようになった。一九四九年には、対仏協力に復帰した元皇帝バオダイを元首とするベトナム国、および親仏的立場をとっていたカンボジア、ラオスの王国政府にフランス連合内での独立という地位を認め、一九五三年には、より完全な主権をカンボジア、ラオスに認めるようになった。

インドシナ戦争に停戦の機運が生まれるには、スターリン死後の東西関係の緊張緩和を待たなければならなかった。一九五四年のジュネーヴ会議は、米・英・仏・ソ四大国の外相の合意によって、朝鮮の統一とインドシナ戦争の休戦を議題として開催されることになった。この経緯が示しているように、ジュネーヴ会議は、戦場で戦っていた当事者による直接交渉ではなく、大国主導の国際会議として設定されたもので、戦場の現実だけでなく、大国の思惑が強く作用することになった。

インドシナ戦争に関する会議が始まる直前の五月、フランス軍の精鋭部隊が、ベトナムとラオスの国境にあるディエンビエンフーで降伏した。軍事的にフランスは窮地に陥り、挽回は困難な状況だった。会議は、ラオス・カンボジアの抗戦勢力の参加の可否、ベトナムにおける軍事境界線の設定などをめぐって難航したが、七月二一日にようやくベトナム・ラオス・カンボジアそれぞれに関する停戦協定が締結された。このジュネーヴ協定で、ベトナムに関しては、最終宣言における二年後の総選挙実施の公約と引き換えに、南北をほぼ二分する北緯一七度線に暫定軍事境界線が設定されることになった。当時、ベトナムでは、ベトミンの支配が全土の四分の三近くに広がっていたので、ベトナムを二分する境界線の設定は、ベトナム民主共和国にとっては大きな譲歩だった。これは、戦場の現実よりは、大国の思惑のほうが優先されたためだった。

当時、中国もソ連も、インドシナ戦争が長期化して米国が介入することを警戒しており、ベトナムに譲歩を迫る説得者の役割を果たした。小国ベトナムとしては、戦争の長期化が中ソからの支援が不十分なままで米国と対決するという危険性をもつ以上、不満はあっても協定に調印する以外の選択肢はなかった。ジュネーヴ会議は、大国間の緊張緩和の枠組みに規制されたがゆえに、ベトナムの南北分断という、後のベトナム戦争の原因になる重荷をベトナムに負わせることになったのである。

八　独立と新国際秩序

1　フィリピンの独立

一九四六年にフィリピン共和国が独立し、その初代の大統領にはマニュエル・ロハスが就任した。ロハスはコモンウェルス時代の財務長官で、日本軍政に協力した経歴をもつ人物だった。米国は、戦時中に日本に協力した地主層を政界に復帰させて、エリート支配を安定させようとしていた。議会は、地主政党であるナショナリスタ党とリベラル党が多数を占めたが、一九四六年の選挙では、農民運動と結合したフクバラハップと関係をもつ左派議員も下院に六議席を得た。しかしロハス大統領は、これらの議員の当選を無効として、フクバラハップ掃討に乗り出した。フクバラハップは武装闘争に転じ、一九五〇年には人民解放軍と改称して勢力を拡大したが、一九五二年以降は、ラモン・マグサイサイ国防長官が、米国の経済的・軍事的支援を得て掃討作戦を推し進め、活動は下火になった。マグサイサイ(一九〇七〜一九五七)は、一九五五年には大統領となり、農地改革を約束するなどした。

2　ビルマの独立と内戦

大戦終結後、イギリスは当初、ビルマを英連邦を構成する自治領にすることを考えていたが、完全独立を求めたアウンサンは、国内の諸勢力をまとめあげて、イギリスとの交渉にあたり、一九四七年一月のアトリー英首相との協定で、一年以内の完全独立を約束させた。

イギリスから帰国したアウンサンは、国内各派のリーダーとシャン州のパンロンで会議を開き、ビルマ人が多く住む管区ビルマと少数民族が住む地域とをあわせて連邦国家とし、少数民族には州の地位と自治権が与えられることになった。一九四七年四月に行われた制憲議会選挙では、アウンサンを総裁とする反ファシスト人民自由連盟(パサパラ)が圧勝したが、その直後、四月一七日にはアウンサンと六人の閣僚が暗殺されるという事件が発生した。アウンサンの存在のおかげで、かろうじて成り立っていた諸勢力の統一は、彼の死で崩れていくことになる。

一九四八年一月にビルマ連邦共和国が独立を達成し、初代首相にはウー・ヌが就任する。独立と同時に、カレン、カレンニーなどの少数民族が分離独立を求めて武装闘争を開始し、ビルマ共産党も武装闘争に踏み切り、ビルマは内戦に突入する。こうした状況下でビルマ国軍が果たす役割が大きくなり、一九六〇年代に入って軍部が政権を掌握する素地が形成された。

3　マラヤ連邦の形成と独立

一九四五年にマラヤに復帰したイギリスは、シンガポールは直轄植民地として分離した上で、他の地域を統合し、マレー人のスルタンの権限を制限し、マラヤに住むすべての人々に平等の市民権を与える、マラヤ連合(Malayan Union)構想を発表した。これには、経済的にマレー人より優位にたつ移民、とりわけ華人系移民を優遇する措置で、マレー人の優位を否定するものであるとして、様々なマレー人団体が反対を表明した。一九四六年には統一マレー人国民組織(UMNO)が結成されて、マラヤ連合反対運動が展開された。Malayanという言葉が、当時のマレー人には外来の定住者をイメージする言葉であったことも、反発の要因だった。

この結果、マラヤ連合案は一九四八年一月には廃止され、スルタンの権限を強化し、非マレー系住民の市民権獲得に強い制限が課せられたマラヤ連邦(Federation of Malaya)が発足することになった。これは、華人系住民の不満を高めることになり、マラヤ共産党は、マラヤ連邦をイギリスによる再植民地化であると批判して、武装闘争に転換した。イギリスは一九四八年には非常事態を宣言し、徹底した弾圧に乗り出した。同時にイギリスは、華人系、インド系のエリートに政治参加の機会を与えることにつとめ、一九四六年にすでに結成されていたマラヤ・インド人会議(MIC)に続き、一九四九年にはマラヤ華人公会(MCA)が誕生した。MICとMCAは、UMNOと選挙協力を結んで、一九五五年の連邦参事会選挙で圧倒的な勝利を獲得した。UMNOの総裁トゥンク・アブドゥル・ラーマンは、これを背景にイギリスとの独立交渉を行い、一九五七年にはマラヤ連邦の独立が実現した。憲法は、マレー人には「特別な地位」を認める一方で、非マレー人には出生地主義による国籍取得を認め、非マレー人が「よそ者」として排斥されることには歯止めがかけられた。

いっぽう、シンガポールでも自治の動きが進んでいたが、労働争議の頻発などで社会不安が続いていた。一九五九年には、自治政府発足のため、すべての議員を民選とした最初の立法議会議員選挙が行われ、華人系労働組合と学生運動を支持基盤とする人民行動党が勝利し、同党の指導者リー・クアンユー(一九二三〜二〇一五)が自治政府の首相に就任した。リー・クアンユーは、産業投資奨励策や英語に力点を置いた教育政策などで、のちの経済発展の基盤を築いていった。

4　独立の輝きとバンドン会議

植民地体制の崩壊は、第二次世界大戦後の国際政治の大きな変化だが、東南アジアは、独立の動きが世界でも最も早く顕在化した地域の一つとなった。一九五〇年代まで、植民地支配からの解放を達成したアジア・アフリカ諸国の独立は、新興独立国という言葉に示されるように、きわめて「輝かしい」ものと受け止められていた。東南アジアの国々は、こうした世界の新興独立国の連帯という面でも、積極的な役割を果たした。

一九四八年にオランダがインドネシアでスカルノらの指導者を逮捕した時、これを懸念したビルマのウー・ヌ首相は、インドのネルー首相に、インドネシア問題を協議するアジアの独立諸国の政府間会議開催を要請した。これによって開かれたのが、一九四九年一月のニューデリーでのアジア独立諸国会議で、一五カ国が正式参加をした。ついで、朝鮮戦争が勃発し、米軍を中心とする国連軍が三八度線を越えて北進する動きを示した時、これが中国との全面戦争につながることを危惧して、インドを中心とするアジア・アフリカグループ一二カ国が、一九五〇年一二月に三八度線での朝鮮停戦要求決議を出した。東南アジアからはビルマとインドネシアが加わった。このアジア・アフリカグループには、後にタイ、フィリピンも加わり、一九五〇年代半ばのアジア・アフリカの国連加盟国二〇カ国のうち一六カ国を結集するに至る。これらの国々の東西対立に対する姿勢は様々だったが、新興独立国の間には、冷戦と距離をおいて独自の平和的な国際秩序を模索する動きが広がりつつあった。

ジュネーヴ会議が開かれることになった一九五四年四月、セイロンの首都コロンボにインド、パキスタン、セイロン、ビルマ、インドネシア五カ国の首脳が集まり、インドシナの和平確立に対する強い希望を表明した。このコロンボ会議でインドネシアが提案したのが、アジア・アフリカ会議だった。この提案は、翌一九五五年四月にインドネシアのバンドンにおける第一回アジア・アフリカ会議(バンドン会議)の開催に結実し、アジア・アフリカ二九カ国が参加した。東南アジアからは、当時独立を達成していたすべての国が参加した。

この会議には、東西両陣営に属する国も参加していたが、そうした体制や立場を超えて、反植民地主義と平和共存という意思を表明した。戦前の国際政治が、一部の帝国主義列強を主な担い手としており、東南アジアを含むアジア・アフリカ地域は客体でしかなかったことを考えると、このバンドン会議は、植民地主義の崩壊を象徴する世界史的な転換だったといえよう。

第 *8* 講

冷戦への主体的対応

1950 年代半ば〜1970 年代半ば

撃墜された米軍機のパイロットを捕らえたベトナムの女性民兵
(ベトナム民主共和国の切手，1967 年)

	東南アジア	世　界
1957	タイ，サリットによるクーデタ	
1959	インドネシア，スカルノが「指導された民主主義」提唱	
1960	南ベトナム解放民族戦線結成	
		中ソ論争公然化
1961	東南アジア連合(ASA)創設	
		第1回非同盟諸国会議
1962	ビルマ，ネイウィンによるクーデタ	
		キューバ危機
1963	マレーシア連邦発足	
	南ベトナムで軍部クーデタ，ジエム大統領暗殺	
1964	インドネシア，スカルノが「マレーシア粉砕闘争」指令	
	トンキン湾事件	
1965	インドネシア，国連脱退	
	米軍による恒常的北爆開始	
	米地上軍戦闘部隊，南ベトナムに上陸	
	カンボジア，米と断交	
	ジョンソン大統領，大量の米軍の南ベトナム投入決定	
	シンガポール，マレーシア連邦から離脱	
	インドネシア，9.30事件	
	フィリピン，マルコス政権発足	
1966	インドネシア，スカルノが実権をスハルトに委譲	
1967	ASEAN発足	
1968	南ベトナム，テト攻勢	
	インドネシア，スハルトが大統領就任	
1969	マレーシア，人種暴動	
1970	カンボジア，ロン・ノルによるクーデタ	
	米軍・南ベトナム政府軍，カンボジア侵攻	
	マレーシア，ブミプトラ政策始まる	
1971		米中接近
		ドル危機，主要国変動相場制に移行
	ASEAN，東南アジア平和自由中立地帯宣言	
1972		ニクソン米大統領，訪中
	フィリピン，マルコス大統領が戒厳令布告	
1973	ベトナム戦争に関するパリ和平協定調印	
		第一次石油危機
	タイ，民主化運動でタノーム退陣	
1974	日本の田中首相東南アジア訪問に際し，各地で反日デモ	
1975	ベトナム戦争終結	
		第1回先進国首脳会議
	ラオス人民民主共和国発足	
1976	第1回ASEAN首脳会議，東南アジア友好協力条約調印	
	民主カンボジア発足	
	インドネシア，東ティモール併合	
	ベトナム社会主義共和国発足	
	タイで軍部クーデタ	

一　冷戦構造と東南アジア

1　焦点化する東南アジア

一九四八年にヨーロッパで明確になっていた、米国を盟主とする西側陣営(資本主義陣営)と、ソ連を盟主とする東側陣営(社会主義陣営)との対立は、一九四九年の中華人民共和国の成立と一九五〇年の朝鮮戦争の勃発によって、アジアでも顕在化した。

一九五〇年は、冷戦構造との関係で東南アジアを考える際には、重要な年である。この年は、前年に誕生した中華人民共和国がベトナム民主共和国を承認し、ついでソ連もこれに続き、これに対して、米国が、フランスのインドシナ戦争に対する直接的な支援に乗り出した年で、インドシナ戦争が東西間の冷戦構造に組み込まれた年だった。

この時の米国の動きは、グローバルな危機と関連していた。中華人民共和国の成立は、二重の意味で米国にとっては挑戦だった。まず、朝鮮、台湾、東南アジアなど、中国周辺のまだ帰趨が定かではなかった地域が、中国の影響下に組み入れられる危険性があった。さらに、中華人民共和国の成立は、少なくとも短期的には、かつての日本の最大の市場であった中国が、米国主導の資本主義世界経済から離脱してしまうことを意味していた。これは、世界経済、とくに日本経済の再建にとっては、由々しい問題だった。日本の復興が進まないと、資本主義世界経済にとって大問題であるとともに、日本が中国に擦り寄る危険性もあると考えられた。

このような危機への米国の対応として、その世界戦略にとって重要な意味をもつ地域枠組みとして登場してくるのが、他ならぬ「東南アジア」だった。東南アジアは、米国の世界戦略において、中国革命の影響がただちに波及しかねない危険性をもつと同時に、政治的・軍事的に確保できれば、先進国、とくに中国にかわる市場が必要だった日本の経済再建にとって、きわめて積極的な意味をもちうる地域として、急速に注目されるようになった。当時の東南アジアには、西欧の植民地主義に対する強い反感が存在していたが、米国は、「共産主義の脅威」に対抗するためには、植民地主義と手を結んででも、この地域の政治的・軍事的な安定をはかり、資本主義世界経済に統合していく道を求めていくことになる。

このように、米国の世界戦略の中での重要性が増大した東南アジアで、さしあたり最も深刻な軍事的問題が、ベトナム＝インドシナだった。ここをドミノの最初の駒とみなす、いわゆる「ドミノ」理論をもって、米国は、自己の権益の確保というよりは覇権国が負うべき政治的・軍事的な負担として、介入という道を選択し、これがのちのベトナム戦争につながっていくことになる。

もっとも、この一九五〇年代初頭の、あまりに露骨に日本と東南アジアを結びつけようとする米国の動きは、日本占領の記憶が生々しい東南アジアから「米国版大東亜共栄圏」といった非難をあびた。また実際に、五〇年代初頭という段階で日本経済の復興に直接的なインパクトを与えたのは朝鮮戦争であり、東南アジアではなかった。しかし、こうした戦略的意義をになった東南アジアという地域性は、その後の、ベトナム戦争を頂点とした冷戦構造のなかで、確実に実体化していったといえる。冷戦は、東南アジアを、国際政治で重要な意味をもつ地域として浮上させることになったのである。

同時に、冷戦は東南アジアを分断した。一九六〇年代初頭の状況でいえば、国家建設の途上にあったマラヤ、シンガポールを除くと、ベトナムは北が東側陣営、南が西側陣営の「縄張り」と見なされ、一九五四年に結成された東南アジアを舞台とした西側陣営の反共軍事同盟である東南アジア条約機構(SEATO)に参加したのがタイとフィリピンであり、他のビルマ、ラオス、カンボジア、インドネシアが中立を標榜していた。

2 冷戦への主体的対応

冷戦は、米国、ソ連といった核兵器を保有する超大国主導の国際秩序だったが、米ソ間には直接の戦争は発生せず、したがって冷戦と呼ばれた。核大国の間には、核兵器を背景とした「恐怖の均衡」が成り立っていた。そのため、ただちに世界戦争に結びつくような、超大国間、あるいは両陣営の「縄張り」が明確だったヨーロッパでの戦争発生の可能性は低下した。その反面、二つの陣営のどちらにつくのかが明確ではなかった「灰色地域」をめぐって対立が激化することになった。東南アジアは、まさにこの「灰色地域」だった。

「灰色地域」では、ベトナム戦争のような実際の戦争＝熱戦も起きたが、経済開発競争も重要な意味をもった。当時、新興独立国の多くは経済的困難に直面していた。国民経済の自立のための工業化には資金が必要だったが、多くの新興独立国は、その資金を農産物や鉱物資源といった一次産品の輸出に頼らざるをえず、それは植民地時代に形成されたモノカルチャー構造を強めかねなかった。一九六〇年代初頭までに、西ヨーロッパや日本という大戦以前の産業センターの復興が軌道に乗ると、この新興独立国の経済的困難に改めて国際社会の注目が集まるようになり、「南北問題」という用語が普及するようになる。政治面での独立を達成した新興国が、経済面では依然先進国やその多国籍企業に支配されている状況を、「新植民地主義」と非難する声も生まれるようになった。反帝国主義的な空気が強かった第三世界に、まず注目したのはソ連だった。フルシチョフ首相は、戦争ではなく経済競争で西側諸国に対抗すべきだと考え、技術開発、経済援助、経済成長という三つの分野での挑戦を試みる「対外的経済攻勢」に乗り出した。

他方、米国も、第三世界の経済的困難の中で、社会変革を掲げて共産主義が影響を拡大していることや、ソ連の経済攻勢を受けて、第三世界の親米政権を軍事援助でひたすら支えるという従来の政策では不十分であることを認識しはじめた。そこで、社会変革の必然性を認め、改革促進と開発援助を活用するという新しいアプローチを、一九六〇年代には採用するようになる。東南アジアに登場してくる、開発を至上の課題としてひたすら経済成長を追求し、それによって上からの国民統合を促進しようとする「開発独裁」型の政権は、こうした米国の政策転換に巧みに対応したものだった。

冷戦構造は大国主導の国際構造だったが、これに「組み込まれた」東南アジアは、受動的にその構造への適応をただ甘受していたわけではなかった。ベトナム戦争の時に、米国と戦うベトナムが自らを「社会主義陣営の東南アジアにおける前哨」と位置づけたのは、ソ連・中国という社会主義大国の支援を「勝ち取る」ためだった。さらに、ベトナム戦争が激化する一九六〇年代半ばから、ベトナムは、自らを「世界革命の焦点」と位置づけるようになる。これは、米国がベトナムに与えた「中国の周辺革命」という位置づけを克服することを、ベトナム人共産主義者たちが意図しはじめていたあらわれであると思われる。

米国の東南アジアにおける冷戦政策は、ある意味できわめて逆説的だった。その最大の課題は中国封じ込めにあったわけだが、これは、地政学的にいえば、東南アジアに対する中国の影響力拡大を阻止する最良の防波堤は、統一され自立したベトナムの存在であるという事実を無視した政策だった。むしろ、ベトナムの南北分断は、北の方は中国を中心とした軌道に自己を位置づけざるをえないような状態を、ベトナムに強いるものだった。ベトナムにとっては、ベトナム戦争は、冷戦による一七度線による分断を克服する戦いであったと同時に、冷戦がベトナムに強いた「中国の周辺革命」という拘束性から脱する戦いでもあった。ベトナム戦争を「米中の代理戦争」と見るのは、このような点をまったく無視した議論である。

東南アジアで一九六〇年代前半には有力だった中立主義も、冷戦への主体的な対応の一つだった。東南アジアでは、ベトナム戦争という熱戦が展開された分、このような対決から距離を置くことによって、自己の安全と自立を守ろうとする中立主義的傾向も、根強く存在することになった。東南アジアの反米的な中立主義は、インドネシアのスカルノ体制の崩壊、カンボジアのシハヌークの追放などによってしだいに崩れていくが、超大国の専横から自由でありたいとするその精神は、東南アジアに根づき、ASEANに継承されていくことになる。こうした中立主義も、冷戦構造の一つの主体的な担い方であったとするならば、冷戦時代の東南アジアは、表向き、西側陣営につく国あり、東側陣営に自らを連ねる国あり、中立主義を標榜する国ありと、「分裂」するが、いずれも自立を求めつつ冷戦構造を主体的に担ったというべきであろう。

二　ベトナム戦争

1　一九五四～一九六五年のベトナム戦争

第一次インドシナ戦争を終結させた一九五四年のジュネーヴ協定によって、北緯一七度線を境に、ベトナムは南北に分断された。米国は、この軍事境界線を、冷戦の中で対決する東西両陣営の「縄張り」を画する線ととらえ、ベトナムが共産主義者の支配する北の主導のもとに統一され、南を失うことを阻止しようとした。ベトナム戦争の一方の担い手は、南の親米反共政権(当初はベトナム国、一九五五年以降はベトナム共和国)と、それを支援した米国ならびにその同盟国だった。これと対抗したのが、南の親米政権を打倒し南北統一を達成しようとした北のベトナム民主共和国および南の南ベトナム解放民族戦線だった。

現在のベトナムでは、抗米救国戦争と呼ばれている。この名称は、この戦争を米国の侵略に対するベトナムの闘いと見なす立場を示している。抗米救国戦争と呼んだ場合は、一九五四年のジュネーヴ協定による分断から、一九七五年の南の親米政権の崩壊までの戦争をさす。これに対して、南の親米政権の関係者の間では、この戦争を南北ベトナムの内戦と見なすことが多い。この場合も、時期は一九五四年から一九七五年までとなる。

これに対して、米国の戦争としてのベトナム戦争という角度からは、一九六一年のケネディ政権の南への軍事支援の強化以降を重視する見方もある。また、米軍の戦闘部隊が直接参戦した、米国の局地戦争としてのベトナム戦争は、一九六五年から一九七三年までの戦争となる。

また、ベトナム戦争は、もともと南の親米政権と解放戦線の間の内戦であったものに、米国が介入して大規模化したという見方もあり、これだと一九六〇年の解放戦線の結成から一九七五年までがベトナム戦争とされることもある。ここでは、ベトナムにとってのベトナム戦争ということで、一九五四年から一九七五年までをその時期として議論をすることにしたい。

ジュネーヴ協定後の南で支配を固めたのは、米国の支援を受けたゴ・ディン・ジエム(一九〇一〜一九六三)政権だった。ジエム政権は、親仏派を巧みに排除し、一九五五年にはジエムを大統領とするベトナム共和国を樹立した。当時北の政権政党だったベトナム労働党が、南北統一選挙の実施に期待をかけ、南での武装闘争の発動を控えていたこともあって、ジエム政権は、一九五〇年代末には、安定した支配を形成したかに見えた。

しかし、崩壊の危機に瀕していた南の党組織からの強い要請で、ハノイの労働党中央も、一九五九年には南での武装闘争の再開を認めた。これを契機に、農村地帯ではジエム政権に反対する蜂起が広がった。こうした中で、労働党の指導のもとに、一九六〇年一二月には南ベトナム解放民族戦線が結成された。

ベトナム戦争では、当事者が、それに先立つ局地戦争だった朝鮮戦争からの「教訓」を重視していた。労働党の指導者は、朝鮮戦争の時には北朝鮮の正規軍が公然と三八度線の軍事境界線を突破して南進したことが、米軍の介入を招き、朝鮮分断を継続させることになったと考えた。そこで、ベトナムでは、北の正規軍=人民軍が軍事境界線を突破して南に入るのではなく、できるかぎり南の内部でジエム政権を追い詰めようとした。そこで作られたのが解放戦線である。ベトナムのナショナリズムにとって、ベトナムの統一は至上命題であり、「ベトナム民主共和国」も「ベトナム共和国」も、統一ベトナムを代表する政権として自らを位置づけており、国名にはけっして「北」とか「南」を使用していない。そうした中で「南ベトナム」を名称に冠した解放戦線は、南の組織であることを強調する異色の存在だった。

その後、南では、米国の誤算が続いた。解放戦線の誕生で脆弱性を露呈したジエム政権を支援するため、米国のケネディ政権は、軍事顧問団の増派などの援助を拡大したが、それは、かえってジエム政権の独裁的体質を強めさせる結果となった。一九六三年には都市の仏教徒の大規模な反政府運動が起きた。この状況に危機感をもった南の軍部は、同年一一月にクーデタを起こしてジエム政権を打倒した。米国は、独裁政権が倒れることで南が安定することを期待していたが、その後の南の軍事政権は安定した統治を形成できず、政変が繰り返され、危機的な状況に置かれた。

これに対して、労働党内部では、この機会に北の軍事力を南に投入して一気に南の反共政権を追い詰めるべきだとする、レ・ズアン労働党第一書記を中心とする強硬派が台頭した。その結果、一九六三年一二月の党中央委員会では従来の戦略を転換し、人民軍の戦闘部隊を南に投入することを決定した。

一方、ケネディ暗殺後政権を引き継いだジョンソン大統領も、戦争をエスカレートさせる二つの判断をした。一つは、もはや、南ベトナムの反共体制を維持するためには米軍が前面に立たざるをえないということであり、いま一つは、南の反乱の根源である北をたたくことが必要という判断だった。一九六四年八月のトンキン湾事件(北ベトナム沿海のトンキン湾上の米軍艦船と北ベトナム軍との交戦を理由に、米軍が北を爆撃した事件)を経て、一九六五年二月には北に対する恒常的な爆撃(北爆)を開始し、同年三月には南への米地上軍戦闘部隊の投入に踏み切った。

こうした米国の動きを、労働党の側は、米国の強さではなく危機感のあらわれと受け止め、北の人民軍戦闘部隊の南への大量投入を決定した。それに対してジョンソン大統領も同年七月には米軍の大量投入を決意、ここに、ベトナム戦争は、冷戦時代最大の局地戦争となった。

2 「限定された局地戦争」としてのベトナム戦争

ベトナムへの本格介入にあたって、米国の側にも、「朝鮮戦争の教訓」が大きな影響を与えていた。ジョンソン政権は、朝鮮戦争のような、中国を巻き込む大規模な地上戦は回避したいと考えていた。朝鮮戦争では、米地上軍が三八度線を越えて北進し、一時、北朝鮮を中国との国境地帯まで追い詰めた。このことが中国の参戦を招いたという「反省」から、ベトナム戦争では、北に米軍の地上軍を進攻させるという選択肢をとらず、地上軍による戦闘は南に限定した。この米国の選択は中国の毛沢東にも確実に伝わり、中国は、北への補給路を防衛するために工兵や高射砲部隊を派遣したものの、地上戦での米軍との対峙が起こらないよう配慮がなされることになった。ミサイル部隊などで北を支援したソ連も、同じ姿勢をとった。

米中が戦場で直接対峙した朝鮮戦争では、核兵器の使用が検討されるなど、世界戦争に拡大する危険すら生じた。これに対して、ベトナム戦争では、戦場はベトナム・インドシナに、地上戦は南ベトナムに限定されたのである。大国間の直接の対峙は避け、世界戦争には発展させないという、「暗黙の合意」が存在していたといえるだろう。朝鮮戦争と比較すれば、ベトナム戦争は、「限定された局地戦争」であった。

しかしこのことは、一面では、ベトナムやインドシナという「限定された戦場」における戦争の強度を高めることになった。大国は、世界戦争の勃発を懸念することなく、核兵器を除くあらゆる最新兵器を戦場に投入することができた。インドシナで米軍が使用した弾薬の総量は、第二次世界大戦時の二・四倍に達した。直接の被爆者だけでなくその二世、三世にまで後遺症を発生させている、米軍による枯葉剤の散布も、こうした構造のなかで実施された作戦だった。

いっぽう、周辺諸国にとっては、この「限定された局地戦争」は別の意味をもった。戦火が自らに及ぶことなく、経済発展を追求することが可能になり、日本、韓国や東南アジア諸国は、一九六〇年代から七〇年代にかけて急速な経済発展をとげるのである。周辺諸国の経済発展と、ベトナムおよびインドシナにおける激しい戦争は、密接に関連しあっていた。

もう一つの問題は、米国がたいした権益ももっていないベトナムに、大量の米軍を投入したのはなぜか、ということである。これも、当時の東南アジア全域の状況と関連していた。あとで詳しく検討するが、米国がベトナムへの本格介入を決定した一九六五年は、米国にとって危機的な状況にあった。この年の一月には、「マレーシア粉砕闘争」で反米的な色彩を強めていたインドネシアのスカルノ政権が、国連からの脱退を宣言した。五月には、カンボジアのシハヌークが、米国との国交断絶を宣言した。また八月には、シンガポールが、マレーシアからの分離独立に踏み切った。こうした流動的な状況のもとでは、米国が南ベトナムで解放戦線も参加した中立政権の発足を認めるなどの妥協的姿勢を示すと、深刻な悪影響を他の東南アジアに及ぼしかねなかった。米国としては、南ベトナムの親米政権維持に強い姿勢を見せないと、東南アジア全体での米国の影響力が揺らぐ恐れがあった。米国は、覇権国としてのその世界的なコミットメントへの信頼を確保するために、ベトナムへの米軍の大量投入に踏み切ったのである。

もっとも、東南アジア情勢の流動性は、米軍のベトナム介入直後の一九六五年九月に発生したインドネシアの九・三〇事件で、非社会主義国では世界最大の党員数をほこったインドネシア共産党が崩壊し、親米反共のスハルト政権が誕生したことで、米国の側から見れば大きく改善されることになる。しかし、東南アジアが「開発の時代」を迎え、多くの国の経済発展が軌道にのる一九七〇年代までには、なお時間が必要だった。米軍の介入は、それまで「共産主義の脅威」を食い止める、いわば「時間稼ぎ」の役割を果たしたわけである。米国が一九五〇年代に構想した、「日本の経済発展を支える地域としての東南アジア」という構造は、ベトナム戦争を経て一九七〇年代には実態化し、米国のベトナムへの軍事介入の国際的意味は、低下することになった。

3　一九六五〜一九七五年のベトナム戦争

最高時には五〇万を超える大量の米軍と、七万近い韓国などの参戦同盟国軍の投入により、北ベトナムと南の解放戦線は多大な犠牲を強いられ、反米勢力側の戦死者は一二〇万人に達した。これに南の政府軍側や民間人の犠牲も含めると、南北ベトナムの犠牲は三〇〇万人に達した。

しかし、米軍は、その優位を十分に発揮できなかった。米軍が得意としたのは、圧倒的な火力と機動力によって、敵と対峙する前線を敵陣のほうへ押し込んでいくような戦い方だったが、地上戦闘を南に限定したため、こうした戦いではなく、ゲリラを相手にする「前線なき戦い」を余儀なくされた。南ベトナムで米軍は、敵にその人的補給能力を上回る損害を与えるという「消耗戦略」を採用した。しかし、北と解放戦線は、新たな兵力を北から南へと次々に送り込んだため、米軍の戦略は破綻した。

北から南への人員補給は、一九五九年から一九七五年までの間で、戦闘要員を中心にのべ二三〇万人に達した。農業国だった当時の北ベトナムで、工業国並みの戦争動員を可能にしたのは、ソ連・中国のモデルに倣った「合作社」という社会主義的集団農業だった。北爆開始後の北ベトナムに広がった高級合作社は、農地を集団所有し集団で耕作する合作社で、青年男子の大半を兵員として動員することを可能にした。この合作社に体現された「貧しさを分かち合う社会主義」は、戦時体制の基盤としては大きな役割を果たした。しかし、その戦争への貢献は、経済的な不合理性を覆い隠し、ベトナム戦争後の転換を遅らせることになった。

いっぽう米軍は、戦場に残された敵の死体を数える「ボディ・カウント」によって戦況を判断した。そもそもベトナム人の民間人とゲリラとを区別するのがむずかしい状況の中で、ベトナム人の死体であれば戦果と見なしたのである。この手法は、米軍がベトナム人一般を敵視する傾向に拍車をかけ、米国内を含め世界中で非難を招いた。

一九六八年の旧正月(テト)に、北の人民軍と南の解放戦線が行った南の都市に対する一斉攻撃＝テト攻勢は、戦争がうまく進んでいないという思いを、米国民に強く印象づけた。ベトナム戦争での米軍の戦死者は五万八〇〇〇人あまりで、ベトナム側の犠牲者に比べればはるかに少なかった。

だが、ベトナム戦争がベトナムにとっては総力戦であったのに対して、米国にとっては、国力の一部を限定的に投入するに過ぎない局地戦争であったことからすれば、「耐えられない犠牲」だった。

一九六九年に登場したニクソン政権は、テト攻勢という冒険的な都市攻撃で、北や解放戦線に大きな人的損害が出たことにつけこんで、この戦争への米軍の関与を縮小させる一方で、あくまで南の反共親米政権を維持するために、解放戦線の「聖域」が存在した隣国カンボジアに戦争を拡大したり、米中接近により北ベトナムを牽制しようとした。長年の支援者だった中国が米国と握手をしたことは、北ベトナムの指導者には衝撃を与えた。しかし、すでに「中国の周辺革命」という拘束から離れようとしていたベトナム労働党は、これで南の解放や南北統一を断念する意思は毛頭なく、逆に南の解放と南北統一を急ぐようになった。

結局、米国民の「ベトナム離れ」はニクソン政権の思惑を超えて進み、一九七三年に締結されたパリ和平協定によって米軍は撤退した。その後も南での戦闘は続き、一九七五年四月三〇日には、北の人民軍と南の解放戦線の軍事攻勢の前に、南のベトナム共和国政府は崩壊し、ベトナム戦争は終結した。ベトナムが、ベトナム社会主義共和国として南北統一を達成するのは、翌一九七六年のことだった。

4　ベトナム戦争とラオス・カンボジア

ラオス、カンボジアもベトナム戦争の影響を強くうけた。当初、北ベトナムは、ベトナム領内の一七度線を公然と突破することは、米軍の介入を招くと考えた。そこで、ラオスとカンボジアの山岳地帯を迂回するルートを、北ベトナムから南ベトナムへの補給路として重視した。これはホーチミン・ルートと呼ばれ、米軍はその切断をはかり、ベトナム戦争はラオス、カンボジアにも波及した。

ラオスでは、ジュネーヴ協定で、インドシナ戦争中にベトナムと同盟していた左派勢力(愛国戦線)の武装勢力の集結地(支配地域)が認められた。王国政府と左派勢力の間では連合政府の樹立が何度か試みられ、一九六二年にはラオスの中立を認めた国際条約が締結された。しかし、その後のベトナム戦争の激化の中で連合政府は崩壊し、左派と右派の軍事対立が激化した。ベトナム戦争が終結した一九七五年には、ラオスでも愛国戦線が政権を掌握し、ラオス人民民主共和国が樹立された。

カンボジアでは、ジュネーヴ協定で左派勢力(人民革命党)の武装勢力の集結地は認められず、ノロドム・シハヌーク(一九二二〜二〇一二)を中心とする王国政府が、左派勢力を弾圧して一元的な統治を実施した。

シハヌークは当初、中立政策を掲げ、戦争の波及を回避しようとした。しかし、南ベトナムで親米政権の劣勢を見て、しだいに反米的な傾向を強めていった。ベトナム労働党も、反米色を強めるシハヌークとの連携を重視するようになるが、これは、自分たちを弾圧しているシハヌークと手を組んだということで、カンボジアの人民革命党内でベトナムに批判的な勢力を増大させることになった。一九六三年、ポル・ポト(一九二五～一九九八)を中心とする人々は、人民革命党の名称を共産党に密かに改称するが、これは「ベトナム離れ」を象徴する出来事だった。

他方で、シハヌークの反米姿勢は王国政府内の親米右派の軍部の反発を招いた。一九七〇年には、ロン・ノルを中心とする軍部がクーデタを起こして、シハヌークを国外に追放し、クメール共和国を樹立した。米軍と南ベトナム政府軍はこの機に乗じて、カンボジア国内にあった北ベトナムと解放戦線の「聖域」(安全地帯)を破壊するために、カンボジア領内に侵攻した。以降、カンボジアにも戦火がおよび、第二次インドシナ戦争と呼ばれるようになった。

シハヌークは、クメール共和国に対抗して王国民族連合政府を樹立、それまで敵視してきたカンボジア共産党(クメール・ルージュ)など左派勢力と手を組んだ。またベトナム労働党も、ポル・ポトを指導者とする共産党と共闘することになった。右派軍事勢力は弱体で、ベトナム労働党は、カンボジアの戦局を有利に進めることで、テト攻勢以降軍事的には苦境にあった南ベトナムの情勢を打開しようと考え、ここに大量の人民軍を投入した。

カンボジアの右派軍事政権はプノンペンに孤立し、一九七五年四月、ベトナム戦争の終結に先立ってクメール共和国は崩壊、翌一九七六年には、ポル・ポトを中心とする共産党によって、民主カンボジアが樹立された。このように、カンボジア情勢の推移は、ベトナム戦争の最終局面で、ベトナム労働党が直面していた軍事的苦境を打開する役割を果たしたが、同時に、反ベトナム的な傾向を内に秘めたポル・ポト率いる共産党を権力の座に押し上げることになった。その「ツケ」はベトナム戦争後にまわってくることになる。

三　開発と独裁

1　タイの開発主義

タイでは、一九四七年に政権を握ったピブーンが、反共の立場を鮮明にして米国の支援を獲得する一方で、「タイ人のためのタイ経済」という経済ナショナリズムを強調して、多数の国営企業を設立した。一九五七年の選挙でピブーン与党の不正行為に批判が高まる中、サリット・タナラット(一九〇八〜一九六三)将軍が革命団を組織してクーデタを起こしてピブーン政権を倒し、翌一九五八年に首相に就任した。サリット政権は、議会制民主主義を排して、民族・仏教・国王からなるタイ的原理を基本とする独裁体制をしいた。

サリットは、開発(パッタナー)を至上命題として強調した。外資の導入を認めなかったピブーンに対し、サリット政権は、外資を積極的に導入しての輸入代替工業化を軸とする開発政策を推進した。一九五九年には国家経済開発庁がおかれ、一九六〇年には産業投資奨励法が制定された。一九六二年には、ノックダウン生産事業に大幅な優遇措置が導入され、トヨタ自動車がタイに自動車組立工場をつくるなど、日本の自動車産業の進出もはじまった。

サリットは、共産主義の脅威からタイを守ることを強調し、ベトナム戦争が激化する中で、タイを防共の最前線とみなすようになった米国の支援を積極的に獲得した。

一九六三年のサリットの死後あとをついだタノーム・キティカチョーン政権も、サリット政権の路線を踏襲した。米国による北爆が本格化すると、タイは米軍基地の設置を認め、地上軍の派兵にも踏み切った。タイは、一九六〇年代に平均して六・八％という高い経済成長をとげたが、これは反共の姿勢を明確にしてベトナム戦争参戦国になったタイに対する、米国や世界銀行からの支援が大きな意味をもった。軍事的な要請もあってインフラの整備が進んだのに加えて、ベトナム戦争参戦米兵の休養地としてタイの観光開発が進み、ベトナム爆撃の米軍基地となったウータパオに近いパタヤが開発され、後にタイを代表するリゾート地となる礎が築かれた。米軍基地の建設、基地関係の労務者の賃金などをはじめとする、タイ経済におけるベトナム戦争特需は、一九六八年の対国内総生産比率で四・七％に達したと推計されている。

サリット政権、タノーム政権は、工業化の加速的推進という経済的要請と、冷戦体制下での国内危機管理体制の構築という政治的要請とに応えようとする、東南アジアの開発主義の先駆的な存在となり、「開発独裁」とも呼ばれる強権政治を実施した。その抑圧体制に対する国民の不満がしだいに高まり、一九七三年には学生を中心に大規模な反政府デモが発生し、タノームは国外に逃亡した。タイは民主主義を回復したが、ベトナム戦争の終結でインドシナに共産主義政権が生まれると、軍部や反共勢力による、共産党、左派政党、労働運動、農民運動への警戒が高まった。流血事件も頻発する中、一九七六年には軍部のクーデタで憲法、国会が廃止されて、政党も禁止された。

2　フィリピンの開発独裁

フィリピンでは、マグサイサイをついだカルロス・ガルシア大統領のもとで、一九五七年から高関税政策による輸入代替工業化の促進がはかられた。米国企業が比較的早くから進出していたフィリピンは、一九五〇年代でみると、都市国家シンガポールを除いて東南アジアでは最も工業化が進んだ国だった。しかし、一九六〇年代に入ると国内市場が飽和し、様々な経済・社会問題が発生した。農村からの人口流入で、マニラにはスラムが形成された。こうした状況は、工業化の過程で形成された都市中間層の間に反体制運動を広げた。

一九六八年には新共産党が結成され、翌年にはその軍事組織である新人民軍が生まれた。また、南部のミンダナオ島では、イスラム教徒と入植したキリスト教徒との対立が激化した。イスラム教徒の一部はフィリピンからの分離独立を求めて、一九七〇年にはモロ民族解放戦線を結成し、武装闘争を展開した。

一九六五年に大統領に就任したフェルディナンド・マルコス(一九一七〜一九八九)は、一九六九年に再選を果たした後、一九七二年には暴力による治安悪化を理由に戒厳令をしき、以降一九八六年まで長期政権を維持した。このマルコス体制は、フィリピンにおける開発独裁体制と見なされている。マルコスは、「寡頭支配の打破」と「新社会の建設」をスローガンに強権政治を正当化した。フィリピンは、米国の同盟国としてベトナム戦争に参戦し、米軍のクラーク空軍基地とスービック海軍基地は、ベトナムへの出撃・補給基地として大きな役割を果たしていた。

フィリピンはまた、稲作における「緑の革命」が東南アジアで最も早く、一九六七年から開始された国だった。高収量品種の導入で、長年米輸入国だったフィリピンも、一九七八年から一九八一年にかけては一時、米の輸出国になった。

しかし、高収量品種の栽培は、肥料などで従来よりもはるかに費用がかかるものであり、営農資金の乏しいフィリピンの大半の農民には、きわめて負担の大きなものだった。マルコス政権下では、土地改革も進められ、小作人は農地を取得するための融資が受けられるようになった。こうした改革は一定の成果をあげ、農民の地主への依存度は減少したが、かわって大型農業機械を所有し、農業投入財を取り扱う商人もかねた富農が台頭することになった。

またマルコス政権下では、投資促進法や輸出奨励法の改正によって外資の導入が促進され、世界銀行や国際通貨基金(IMF)からの融資や、米国や日本からの援助も増加した。米軍がベトナムから撤退することになった一九七三年には、マルコスは、フィリピンにある米軍基地の全面的見直しを求めるようになり、基地の維持を望む米国から軍事・経済援助を巧みに引き出した。一九七九年に改定された基地協定では、クラーク、スービック両基地は大幅に縮小されたが、追加的な軍事援助がフィリピンに提供されることになった。マルコス政権による開発の推進で、一九六〇年代には年平均四・九%だった経済成長率は、一九七〇年代には六・二%に達した。

しかし、多額の借り入れによって対外債務が増大し、また経済権益がマルコスとその取り巻きグループ(クローニー)に集中するようになり、一九八〇年代に入る時期には、強権政治に対する批判が高まるようになった。

3 インドネシア――スカルノ政権からスハルト政権へ

オランダからの独立を達成したインドネシア共和国では、一九五〇年暫定憲法によって、大統領権限を制約して国会に責任をもつ内閣が政治を担う、議会制民主主義による国づくりを進めようとした。一九五五年の総選挙では、国民党、共産党、改革派イスラムのマシュミ党、伝統派イスラムのナフダトゥル・ウラマが拮抗した。こうした中央政界での抗争に加え、中央と地方の利害対立による地方反乱が頻発し、政治的混乱を招いた。

ジャワ出身のスカルノ大統領と、スマトラ出身のモハマッド・ハッタ副大統領の提携は、政権を支える諸勢力の均衡の象徴だったが、地方のジャワへの不満を背景に一九五六年一二月にはハッタが副大統領を辞任すると、一挙に地方の不満が高まり、一九五七年には西スマトラと南スラウェシで反乱が起きた。この外島反乱は、ハッタの復帰と、天然資源輸出の利益の地方への還元を求めた。しかし、スカルノはこうした要求を拒否し、非常事態を宣言して国軍に反乱を鎮圧させた。そして、一九五九年には、西欧的な民主主義はインドネシアには適さないとして一九五〇年暫定憲法を破棄、大統領に強い権限を与えた一九四五年憲法に復帰し、「指導された民主主義」という名の大統領専決体制を構築した。この体制は、ナショナリズム、宗教(イスラム)、共産主義の三者提携(ナサコム)を標榜したが、実際に勢力を拡大したのは、国軍と共産党だった。

スカルノは、オランダの残存権益の一掃をはかり、一九五七年以降、オランダ企業の接収と国有化が展開された。ついで一九六〇年にはオランダと外交関係を断絶し、当時まだオランダ領だった西イリアン(現パプア)の「奪還」をはかる「西イリアン解放闘争」を展開した。さらに、マラヤ連邦が隣接する英領ボルネオ(サバ、サラワク)を統合して一九六三年に発足したマレーシア連邦(後述)を、イギリスの新植民地主義だとして、「マレーシア粉砕闘争」を展開した。これはインドネシアの国際的孤立を招き、一九六五年にはインドネシアは国連から脱退し、中国や北朝鮮に接近した(一九六六年復帰)。

スカルノの反帝国主義的傾向は共産党には追い風で、同党は党勢拡大に成功し、三〇〇万を超える、社会主義圏以外では世界最大の共産党に成長するが、スカルノ政権の制定した政党規制策に則り、党組織の公然化を進め、弾圧には脆弱な体質になっていった。

こうした共産党の勢力拡大は、国軍およびイスラム勢力との政治的対立を激化させていくことになる。その中で、一九六五年九月三〇日の深夜から翌朝にかけて、国軍内の親共産党の一部部隊によるクーデタ未遂事件（九・三〇事件）が発生する。事件の真相は今日なお明らかではないが、事件をいち早く鎮圧した陸軍戦略予備軍司令官のスハルト（一九二一～二〇〇八）によって、共産党に対する徹底した掃討が展開され、共産党組織は壊滅的打撃を受けた。各地で共産主義者として処刑・殺害された人は、五〇万とも一〇〇万ともいわれている。

政治の実権を握ったスハルトは、一九六八年三月には大統領に就任し、それまでのスカルノ政権の政策を大きく転換して、マレーシア対決の停止、国連復帰、西側諸国との関係改善、中国との断交などを実施するとともに、国内政策の軸を開発に置いた。以降、スハルトは一九九九年まで長期にわたって政権を維持し、国の目標を「革命」から「開発」に転じ、東南アジアの開発独裁を代表する存在となった。

スハルト政権は、一九六七年に外資投資法を制定し、国家開発企画庁を設置した。インドネシアに反共政権が誕生したことを、米国をはじめ西側諸国は歓迎し、外国からの援助・投資が増大した。

石油を中心とする外貨収入によって、輸入代替工業を中心とする製造工業と石油・天然ガスを中心とする鉱業開発を軸とする開発政策は軌道に乗り、一九六〇年代は年平均三・五％にとどまっていた経済成長は、一九七〇年代には平均七・九％に達するようになった。

インドネシアの華人人口は、人口の三〜四％にすぎなかったが、都市の民間経済活動では支配的な地位を占めており、一九六〇年代末から進出を強めた日本企業を中心とする外資系製造業も、華人系企業との合弁をするところが多かった。このため、華人系住民と非華人系住民の間の経済格差が生じ、それを背景として、一九七三年八月にはバンドンで反華人暴動が、一九七四年一月の田中角栄首相の訪問時にはジャカルタで反日騒擾が、発生した。スハルト政権はこれを機に、外資に対する制限や、外資と合弁する場合その株式の五一％以上は「プリブミ」（非華人系インドネシア人）企業に保有されなければならないなどの規制を導入した。

スハルトは、ゴルカルという、政府と軍が公然と支持する翼賛与党を結成し、一九七一年の総選挙で圧勝した。一九七三年には、政党は、ゴルカルの他は、イスラム系四党を統合した開発統一党、世俗ナショナリズムとキリスト教系の五党を統合したインドネシア民主党になり、一九九七年まで翼賛型の総選挙が行われた。正副大統領を選出する国民協議会は、スハルト大統領が任命する議員が半数を占め、スハルトが何度でも大統領に選ばれる仕組みが形成された。

一九七四年、ポルトガル本国で右派独裁政権が倒れると、後継政府は、植民地独立承認の立場を明らかにした。ポルトガル領だった東ティモールでは、独立を求める人々が左派系の東ティモール独立革命戦線（フレティリン）を結成し、インドネシアへの併合を求める人々と対立した。一九七五年、ポルトガルは東ティモールを放棄し、フレティリンが東ティモール人民民主共和国の独立を宣言すると、東ティモールの社会主義化をおそれるインドネシアは、国軍を侵攻させ東ティモールを併合した。国連安保理はインドネシアの侵攻を非難したが、社会主義政権を望まない米国は併合を黙認し、現地では、フレティリンとインドネシア国軍との抗争が続いた。また、スマトラ北端のアチェでは、一九七〇年代半ばに独立派によって自由アチェ運動（GAM）が結成され、武装闘争を開始した。

4 ビルマ式社会主義の成立

ビルマでは、一九四八年の独立以来、ウー・ヌ政権が、対外的には非同盟中立、対内的には議会制民主主義による統治を行っていたが、少数民族、共産党などの武装反乱が続き、与党内部でも対立があり、政権は安定しなかった。

こうした中で、一九六二年には、アウンサンの同志で国軍の指導者だったネイウィン（一九一一〜二〇〇二）が起こした軍事クーデタで、ウー・ヌは失脚し、ネイウィンが革命評議会議長として実権を掌握した。ネイウィンは、「社会主義へのビルマの道」と題する宣言を行い、商工業の国有化を行い、農産物の生産・流通も国家統制下に置き、外国からの投資や援助に頼らない、自力での社会主義国家の樹立をめざした。

軍人が中心となったビルマ社会主義計画党（BSPP）が結成され、一九六四年には他の政党はすべて禁止された。一九七四年にはビルマ連邦社会主義共和国憲法が制定され、形式上民政移管が行われたが、実態は、BSPPの一党独裁体制だった。閉鎖的な社会主義体制下で、経済は長い間不振と停滞に陥った。

四　マレーシアの結成とシンガポールの独立

一九六一年五月、マラヤ連邦のラーマン首相は、イギリス領のシンガポール、ブルネイ、サラワク、サバを加えてマラヤ連邦を拡大し、マレーシア連邦とする構想を発表した。この構想には、左派勢力が強いシンガポールをマラヤに再統合することによって、シンガポールの共産化を防ごうという思惑があったが、シンガポールをマラヤ連邦に統合すると、華人人口がマレー人人口を上回ってしまう。これはマレー人としては受け入れられないシナリオで、そこで、シンガポールだけでなく、英領ボルネオもあわせてマレーシアとしようという構想が浮上したわけである。イギリスとマラヤ連邦は、一九六三年八月までにマレーシアを発足させることで合意した。

これに対し、フィリピンのディオスダド・マカパガル大統領は、かつてスールー王国のスルタンが支配していたサバに対するフィリピンの領有権を主張して、この構想に反対した。

また、ブルネイでは、一九六二年にブルネイのマレーシアへの参加に反対する武装蜂起が起きた。この蜂起はイギリス軍によって弾圧されるが、ブルネイの首長のスルタンはこの事件を契機にマレーシアへの参加を中止した（ブルネイは一九八四年に独立）。さらに、インドネシアのスカルノ大統領は上述のように、一九六三年には「マレーシア粉砕」を宣言して、サラワク、サバの国境地帯で軍事作戦を開始した。

こうした反対にもかかわらず、一九六三年九月一六日には、マラヤ連邦、シンガポール、サバ、サラワクによりマレーシア連邦が発足した。しかし今度は、マレー人中心の国づくりをめざす連邦政府と、華人も含む各民族の平等を重視するシンガポール州との間に対立が起きた。両者の対立は深刻化し、一九六五年八月、連邦議会は、シンガポールの連邦からの追放を決議し、いっぽう、シンガポールはマレーシアからの分離独立を宣言した。この間に、シンガポールでは左派取り締まりが実施され、共産化の懸念が薄らいだことも、この分離を促進した。

1　マレーシアの歩み

マレーシアは、一九六〇年代を通じて年平均六・五％の経済成長を享受することができたが、華人系住民と非華人系住民の所得格差は狭まらなかった。一九六九年の総選挙で、憲法のマレー人優遇規定に反対する野党が躍進したのをきっかけに、鬱積したマレー人の不満が爆発して、各地でマレー人と華人の衝突が発生し、二〇〇人近い死者が出た。

ラーマン首相のあとをついで一九七〇年に首相に就任したアブドゥル・ラザクは、「ブミプトラ政策」という、マレー人と先住民を優遇し、他の民族との経済格差を是正する政策をうちだし、一九七一年からは、農村部における貧困の解消と、民族間格差の是正のための社会構造の再編をめざす「新経済政策」を開始した。後者には、工業部門へのマレー人の雇用拡大、マレー人資本家の育成、公務員ポストの優先的割り当て、国立大学への優先的入学などの政策が含まれていた。あわせて、国語としてのマレー語、資源の配分に関する「マレー人の特別の地位」、スルタンの地位に関する憲法規定を、「敏感問題」として、公的議論を禁止する措置もとられた。

このような政策は、次のフセイン・オン政権、マハティール・ビン・モハンマド政権にも継承されていった。一九七〇年代にもマレーシアは年平均で八・〇%の成長をとげ、シンガポールと並んで東南アジアでは先発的な工業国になった。

2　シンガポールの歩み

一九六五年にマレーシアから分離独立したシンガポールについては、その前途を危ぶむ見方が多かった。リー・クアンユー自身も最後までマレーシアへの残留に期待をもっており、それが天然資源、水資源の欠乏や、国防能力の脆弱性を解決する上でも、シンガポール経済を支える市場を確保する上でも、不可欠と考えていた。一五〇万の人口しかもたない華人国家シンガポールが、マレーシアやインドネシアといったマレー系国家に囲まれ、その自立を維持できるかが問われた。リー・クアンユーは、この難局を、中継貿易港としての立地条件を生かすことと、人的資源の開発によって乗り切ろうとした。

シンガポールでは、一九五〇年代後半から輸入代替工業化を進め、造船や石油精製などの分野での工場誘致を行って、産業と雇用を創出する政策がとられてきたが、一九六〇年代半ば以降は、電機・電子部品の製造などの労働集約的産業の発展により、国際加工センターになるという、輸出志向の工業化が推進されるようになった。一九七〇年には、機械・輸送機器がシンガポールからの主要輸出品目にあがるようになり、工業化が軌道に乗ったことがうかがえる。こうした産業に人材を供給する教育にも力が入れられ、特に英語教育に力点が置かれた。

シンガポールの前途に不安がもたれていた時期に、イギリス軍の撤退という問題が発生した。イギリスの対外軍事関与の縮小の中で、シンガポールの英軍基地も一九七一年には閉鎖されることになったが、英軍基地からの収入が大きな位置を占めていたシンガポールにとっては、基地撤去は経済的な問題でもあった。そのような時に生じたのが、ベトナム戦争の特需である。たとえば一九六八年のベトナム戦争特需は、南ベトナム向けの石油精製品の輸出を中心に、シンガポールのGDPの七・八％に達した。ベトナム戦争は、シンガポールの自立に目途が立つまでの「時間稼ぎ」として、重要な意味をもったのである。

五　ASEANの結成

これまで見てきたように、東南アジアという地域性は、連合軍の日本への反攻の枠組みだったり、冷戦下の米国の世界戦略の中で、中国革命の影響を封じ込め、日本経済を支えるための地域枠組みとして重視されるものだったり、外部世界から持ち込まれたものだった。しかし、東南アジアの人々自身の間でも、この地域枠組みの中に自らを位置づける試みは、第二次世界大戦後、比較的早期から存在していた。

その先駆けともいえるのが、一九四七年に結成された東南アジア連盟(Southeast Asian League)である。これは、当時タイで政権を握っていた自由タイ運動が、インドシナ三国のフランスへの抵抗戦争を支援するために、タイに拠点をおいていたベトナム人共産主義者や、ラオスの独立派の亡命政府の人々などと結成した組織であった。植民地主義に抵抗する東南アジア諸国の協力のための組織ということで、東南アジア連盟という名称がつけられた。もっともこの組織は、その結成直後に自由タイ政権が崩壊したため、あまり実質的な活動はできなかった。

東南アジア諸国が主導して、政府レベルでの東南アジアという枠組みでの地域協力機構がはじめてつくられたのは、一九六一年に結成された東南アジア連合(ASA)だった。これは、一九五〇年代末にマラヤ連邦のラーマン首相やフィリピンのカルロス・ガルシア大統領が呼びかけた地域協力機構の創設の結果として、マラヤ連邦、フィリピン、タイの三カ国で結成されたもので、加盟国間の経済・社会・文化などの分野における相互協力を目的とし、政治・安全保障分野の協力は除外されていた。しかし、このASAは、マレーシアの結成をめぐる加盟国間の対立で機能しなくなってしまった。

一九六五年、フィリピンでマレーシアとの融和を目指すマルコスが大統領になり、インドネシアでは、マレーシアとの対決を推進していたスカルノ大統領が九・三〇事件で事実上失脚すると、地域協力の機運が再生し、一九六六年にはASAが活動を再開した。

マレーシアをめぐる紛争は、地域の安定のためには善隣関係が不可欠であることを、各国に強く印象づけていた。一九六六年、タイのタナット・コーマン外相は、マレーシアのラザク副首相、フィリピンのラモス外務長官、インドネシアのアダム・マリク外相らと会談し、東南アジアの新しい地域協力機構設立のための共同宣言案をまとめた。ASAを拡大するのではなく新機構を設立することにしたのは、非同盟の立場をとるインドネシアの参加を促すためだった。マレーシアからの分離独立を余儀なくされていたシンガポールにとっても、域内での孤立を避けるために歓迎すべきことだった。こうして、一九六七年、インドネシア、マレーシア、フィリピン、シンガポール、タイ五カ国の代表がバンコクに集まり、新機構の設立が合意された。新機構の名称は「東南アジア諸国連合(ASEAN)」とされ、ASEAN設立宣言(バンコク宣言)が調印された。このASEANの創設で、ASAは発展的解消を遂げた。

ASEANの結成に加わった五つの国は、いずれも反共産主義の立場をとる国々だったが、ASEANは反共軍事同盟として結成されたのではなく、善隣関係の構築をめざしたことが重要であり、そのことが、後にASEANが東南アジア一〇カ国を包摂する組織に発展しえた要因だった。

バンコク宣言は、その前文で、「外部の干渉から域内諸国の安定と安全を守る」ことをうたっていたが、外部の干渉を排して東南アジアの自律性を確保するというこの傾向は、その後の国際政治の変動の中で、より明確なASEANの志向になっている。

米国のベトナム介入の縮小、米中接近という動きが生まれる中で、一九七一年一一月に開催されたASEAN特別外相会議では、マレーシアのラザク首相の提唱で、東南アジア平和自由中立地帯宣言(ZOPFAN宣言)が採択された。ZOPFAN宣言は、東南アジアが域外勢力の干渉を受けず、平和・自由・中立の地帯として認められるために努力するという長期的目標を表明した。

一九七五年、ベトナム戦争が終結し、インドシナ三国に社会主義政権が成立すると、ASEAN

は、一九七六年に加盟国の首脳が一堂に会してＡＳＥＡＮの結束力を示すべく、インドネシアのバリで第一回ＡＳＥＡＮ首脳会議を開催した。

この会議には、インドネシアのスハルト大統領、マレーシアのフセイン首相、フィリピンのマルコス大統領、シンガポールのリー・クアンユー首相、タイのククリット・プラモート首相が出席した。同会議で採択されたのが、東南アジア友好協力条約（バリ条約、ＴＡＣ）およびＡＳＥＡＮ協和宣言である。

東南アジア友好協力条約は、条約締結国間の関係として、①独立・主権・平等・領土保全、②外圧に拠らずに国家として存在する権利、③内政不干渉、④紛争の平和的手段による解決、⑤武力による威嚇または行使の放棄、⑥締約国間の効果的な協力をうたい、また名称をＡＳＥＡＮではなく、東南アジアとすることで、インドシナ三国にも門戸を開放する姿勢を示した。

ベトナム戦争が、ベトナムにとっては自立のための戦争だったとすると、ＡＳＥＡＮの歩みも、形の違う自立への歩みだった。

第9講

経済発展・ASEAN10・民主化

1970年代半ば〜1990年代

スハルト大統領の辞任表明(ジャカルタ，1998年5月21日)

	東南アジア	世　界
1978	ベトナム軍，カンボジア進攻	
		中国，改革・開放に転換
1979	カンボジア人民共和国樹立	
	中越戦争	
	国連，インドシナ難民問題国際会議	
		ソ連，アフガニスタンに軍事介入，新冷戦
1980	タイ，プレーム政権発足	
1981	マレーシア，マハティール政権発足	
1982	民主カンボジア3派連合政府発足	
1983	フィリピン，アキノ元上院議員暗殺	
1984	ブルネイ独立，ASEAN加盟	
1985	インドネシア，スハルト体制を支える政治5法公布	
		ゴルバチョフ，ソ連共産党書記長に
		プラザ合意
1986	フィリピン，マルコス政権崩壊	
	ベトナム，ドイモイ開始	
1988	タイ，チャーチャーイ政権発足	
	ビルマで国軍クーデタ	
1989	ビルマ，国名をミャンマーに変更	
		ベルリンの壁崩壊
	カンボジアからベトナム軍撤退	
		米ソ首脳，マルタ会談で冷戦終結宣言
1990	ミャンマー，総選挙	
1991	カンボジア問題パリ国際会議，最終合意文書調印	
		湾岸戦争
		ソ連崩壊
1992	タイ，スチンダー首相辞任	
	ASEAN経済閣僚会議で自由貿易地域(AFTA)構想提唱	
1993	カンボジア，総選挙実施，王国政府発足	
1994	ASEAN地域フォーラム(ARF)第1回会合	
1995	ベトナム，対米国交正常化，ASEAN加盟	
		世界貿易機関(WTO)発足
1997	ラオス，ミャンマー，ASEAN加盟	
	アジア通貨危機発生	
	タイ，新憲法草案可決	
1998	インドネシア，スハルト大統領退陣	
	フィリピン，エストラーダが大統領当選	
1999	カンボジア，ASEAN加盟	

一　冷戦体制の崩壊からポスト冷戦期へ

1　冷戦後の光と影

この時期の一番大きな世界史的出来事は、冷戦体制の終焉とソ連・東欧における社会主義体制の崩壊であろう。

ベトナム戦争は、米国の覇権を揺るがした。経済面でも、ベトナム戦争に伴うドルの流出と、日本・西欧の台頭による米国の国際競争力の低下で、ドル危機が生じた。その中で発生した一九七三年の第一次オイルショック以降、米国だけでなく多くの資本主義国が経済的不況に陥った。そして、この不況への対応として見いだしたのが、従来のエネルギー多消費型産業(重厚長大型)から、高度のマイクロエレクトロニックス(ME)化・情報化を活用しての省エネルギー型産業(軽薄短小型)への産業構造の転換、および多国籍企業の発展を軸とするグローバリゼーションだった。

経済のグローバリゼーションが急速に進展して、世界的な規模での産業の再配置、分業の再編成が引き起こされるようになった。資本・労働・技術の国境を越えた移動が盛んになり、生産も国際化した。こうした環境で可能になったのが、発展途上国での輸出指向工業化という成長戦略だった。これは、経済発展の基本単位を国民経済にではなく世界経済におく、新しい成長戦略だった。アジアNIES(韓国、台湾、香港、シンガポール)に続き、ASEAN先発国(タイ、マレーシア、シンガポール、インドネシア、ブルネイ、フィリピン)、そしてその後は中国や、ベトナムをはじめとする一九九〇年代のASEAN新規加盟国(カンボジア、ラオス、ミャンマー、ベトナム。CLMV)に広がる輸出指向工業化は、この時代だからこそ可能になった発展の道だった。

一方の社会主義だが、前講で述べたように、北ベトナムの「貧しさを分かちあう社会主義」は、ベトナム戦争での勝利には大きな貢献をした。それは、一九三〇年代のスターリン時代のソ連に起源をもち、第二次世界大戦後に誕生した中国も含む社会主義国に程度の差はあれ共通した特徴で、戦争の危機のもとでの人々の緊張感を前提として成り立つ体制だった。そのため、戦争体制を支える基盤としては有効であっても、戦争の危機が遠ざかると、たちまちその矛盾を露呈することになった。ベトナム戦争の「勝者」を支えた体制である社会主義が、戦争後には世界的にその問題を露呈し、最終的にはソ連・東欧での社会主義体制の崩壊につながる基本的要因は、このような点にあったと思われる。

米中接近とベトナム戦争の終結で、国際社会の安定した一員となり、国家としての存立を脅かされる状況から脱した中国とベトナムでも、この「貧しさを分かちあう社会主義」はたちまち機能不全に陥った。この危機への対処が、一九七九年に始まる中国の改革・開放であり、ベトナムでも、同じく一九七九年に部分的改革が始まり、一九八六年のドイモイ(刷新)に結びついた。

これに比して、ソ連の対応は遅れた。ソ連が産油国で、オイルショック後の石油価格の高騰により経済的矛盾の露呈が遅れ、時代遅れになっていた「重厚長大型」の工業化からの転換がはかれなかったことなどが重なったためである。一九八五年にゴルバチョフがペレストロイカ(建て直し)を開始した時には、すでに危機が体制を脅かすに至っていた。

一九七〇年代の米国のデタント政策(緊張緩和政策)が、中ソ対立を利用する性格を強くもっていたこともあって、この時期には、中ソ対立が世界の多くの地域で軍事的紛争を引き起こす状況が生まれ、そのことが、社会主義の基盤をより揺り動かすことになった。その典型的な事例が、ベトナム戦争終結後のカンボジア紛争だった。ベトナム戦争を勝ち抜いたベトナムが、中国の周辺国家という規定性を脱し、より自律的になることを、ソ連の影響力拡大ととらえた中国は、ベトナムに対して敵対的な姿勢をとるカンボジアのポル・ポト政権を支援した。ベトナム軍のカンボジア進攻、中越戦争で国際化したカンボジア紛争は、一九七九年のソ連のアフガニスタン侵攻による米ソ対立の再燃=「新冷戦」構造に巻き込まれ、長期化することになった。

戦後に相次いで独立を果たしたアジア・アフリカ諸国は、政治と経済の自立という主張を国際的に共有し、第三世界を形成していたわけだが、この第三世界に分岐が生まれたのもこの時期だった。

一九八〇年代には、いわゆる累積債務問題が多くの発展途上国を苦しめた。

他方では、一九七〇年代から八〇年代にかけて、発展途上国のなかで輸出指向工業化政策をテコに、急速な経済成長を見せる国が出現した。経済協力開発機構（OECD）は、一九七九年の報告書でこれらの国々をNICS（新興工業諸国）と呼んだ。その後、NICSの中で中南米諸国は深刻な債務危機に直面し、ヨーロッパ諸国も観光収入や出稼ぎ依存の構造を強めたため、一九八六年の先進国サミットがNIES（新興工業経済地域）という言葉を使用した時には、もっぱら東アジアの「四小龍」＝韓国、台湾、香港、シンガポールをさすようになっていた。

一九八五年のプラザ合意以降、ドルに対して自国通貨が格段に高くなった日本およびアジアNIESの資金がASEAN先発国に流入し、NIESの経済成長はASEANに広がった。一九九〇年代には、これに中国やベトナムも続くことになる。一九九〇年の東南アジア各国の輸出を見ると、ASEAN先発国のシンガポール、マレーシア、フィリピン、タイでは、各種製造業産品が一位を占め、工業国型の貿易構造をもつようになった。電機産業に見られるように、日本から部品や構成材を輸入し、完成品を米国に輸出するというのが、一九八〇年代後半の典型的なパターンだった。

一九七〇年代から八〇年代にかけてのASEAN先発国の経済発展は、開発独裁を推進する指導者による抑圧的な政治体制によって推進された。冷戦体制が弛緩した分、各国の政治体制にはより自立性が強いられることになり、シンガポールのリー・クアンユー政権、マレーシアのマハティール政権、インドネシアのスハルト政権など、東南アジアにおける開発独裁の全盛期の観を呈した。もっとも、フィリピンでは、マルコスの開発独裁が一九八六年の「ピープルパワー革命」で崩壊するなど、開発体制の動揺も始まっていたといえよう。

ただし一九八〇年代末までは、順調な経済成長はＡＳＥＡＮ先発国に限定されていた。ポル・ポト政権を軍事力で打倒したために国際的に孤立したベトナムは、一時、ソ連との関係を強化せざるをえず、その経済は停滞した。カンボジア、ラオス、ミャンマーも経済は停滞し、東南アジアの中にも「繁栄」と「停滞」が並存していたのである。

2 グローバル化への対応

冷戦体制は、一九八九年のベルリンの壁の崩壊、マルタ会談における米ソの冷戦終結宣言、そして一九九一年のソ連解体によって終焉する。ポスト冷戦の時代は、米国を中心とした一極的な構造のもとで、市場経済と民主化がグローバル・スタンダードとされるようになった。これは、東南アジアにも大きな影響を及ぼした。「新冷戦」の解消で、カンボジア紛争が解決に向かう一方、国家による危機管理体制の存立根拠が揺らぎはじめた。また、経済の自由化の進展は、国家による経済への介入の正当性を奪うことになり、東南アジアの開発独裁を推進してきた権威主義体制の基盤を揺るがすようになった。一九八〇年代からの経済成長で都市中間層が台頭したことも、政治変化を促すことになり、一九九八年のインドネシアのスハルト体制の崩壊は、その象徴的な出来事となった。

プラザ合意以後、東南アジア、中国への直接投資が急激に拡大すると、その過程で、北東アジアから東南アジアを含む広義の東アジアの域内分業が急速に発展し、経済圏としてのまとまりをもつようになった。このことは、「発展するASEAN」に求心力を与え、カンボジア紛争が解決すると、ベトナム、ミャンマー、ラオス、カンボジアが相次いでASEANに加盟し、一九九九年にはASEAN10という形での東南アジアの一体化が実現した。

急速なグローバル化の進展は、他方で、地域やローカルな文化の個性の自己主張を強めることになった。経済面においても、一九八六年から九四年まで続いたGATTのウルグアイラウンドが、きわめて多様な全世界一二三の参加国の合意形成に手間取ったことから、全世界に共通する普遍的ルールは尊重しつつも、二国間や隣接する地域ごとの自由貿易圏を形成する、開かれた地域主義が台頭することになった。米国などが経済成長著しい東アジアへの関心を高めたことから、環太平洋という枠組みでの経済協力が志向されるようになり、一九八九年にはアジア太平洋経済協力会議(APEC)が発足した。ASEANも、こうした流れの中でその存在感を高めていった。一九九〇年代前半には、地域協力の枠組みとして、自由貿易、多元的民主主義といったいわゆる普遍的価値を基礎とし、米国やオーストラリアなども加えた「アジア太平洋」でまとまるのか、「アジア的価値」などといった特性を強調して「東アジア」としてアジア諸国のみでまとまるのか、という二つの方向が示された。一九九〇年にマレーシアのマハティール首相が提唱した「東アジア経済グループ(EAEG)」は、後者を代表する主張だった。

しかし、東アジア諸国は、外国からの投資を呼び込むために、規制を大幅に緩めたせいで、実体経済とかけはなれた過剰な投資を招き、短期債務が増加し、経常赤字と生産性の低迷という問題を抱えることになった。一九九七年から九八年にかけては金融危機に見舞われた。アジア通貨危機である。この危機も、その再発防止を地域単位で構築することの必要性を浮き彫りにすることになった。

今一つ、この時代を特徴づける世界史的な動きは、宗教復興であろう。かつては、近代化によって宗教の役割は低下すると予測されたこともあったが、実際には、世界的な工業化・近代化の進展の中で、宗教の果たす社会的・文化的な役割を見直し、強化しようとする動向が広がることになった。これは、キリスト教でも、イスラム教でも、仏教でも、ヒンドゥー教その他の宗教でも共通して見られる現象だが、一九七九年のイラン・イスラム革命を契機とするイスラム復興運動は、東南アジアにも大きな影響を与えた。

イスラム復興運動は、例えばスハルト体制崩壊後のインドネシアで、ヴェール(ヒジャーブ、インドネシア語ではジブバブ)を着用する人が増大しているような、日常生活でより敬虔なムスリムとしてふるまおうとする傾向をさす。これに対して、イスラム主義は、イスラム法(シャリーア)によって統治されるイスラム国家の実現をめざす、政治的な主張のことである。

二　カンボジア紛争からASEAN10へ

1　転換点としてのカンボジア和平

一九七五年四月、右派政権を打倒してカンボジアで実権を掌握したのは、ポル・ポトを中心とするカンボジア共産党(クメール・ルージュ)で、一九七六年には国名を民主カンボジアとした。しかし、ポル・ポト派の権力基盤は脆弱だった。難民で膨れ上がっていた都市には、ポル・ポト派はほとんど支持基盤をもっていなかった。また、ポル・ポト派は反ベトナム姿勢が強かったが、共産党の内部には、ベトナムとの協力を重視する勢力も少なからず存在していた。ポル・ポト政権は、都市住民をすべて農村地帯に追放し、農村では集団農場で人々を厳しく監視する体制をつくり、命令に従わない者、反抗する者は殺害するという恐怖政治をしいた。また、ベトナムとの関係を悪化させ、共産党内部の同調しない人々を「ベトナムの手先」として粛清していった。ポル・ポト体制下で虐殺された人々の数は、外国の研究者の間では一七〇万前後という数値をあげている人が多い。

こうした恐怖政治は、ベトナムのソ連への傾斜を警戒した中国がポル・ポト政権を支援したことによって、国際的には支えられていた。これは、ベトナムにとっては深刻な安全保障上の脅威だった。ベトナムは、反ポル・ポト派を支援して、一九七八年末にはカンボジアに進攻を開始し、ポル・ポト派をタイとの国境地帯に追いやり、一九七九年一月にはヘン・サムリンを国家元首とするカンボジア人民共和国が樹立された。これに対して中国は、一九七九年二月には、ベトナムに対する「懲罰」と称してベトナム北部国境地帯を攻撃し、中越戦争が発生した。これは、ベトナム軍のカンボジアでの活動を牽制する意味が大きかった。

ソ連圏以外の国際社会は、ベトナムを「侵略者」として非難した。ASEANも一九七九年一月、カンボジアからの外国軍の即時全面撤退を求める共同声明を発表した。民主カンボジアは国連での議席を維持したが、大虐殺で国際的批判を浴びるポル・ポト派だけでは国際的支持を得られないと考えたASEAN諸国は、反ベトナムの姿勢を打ち出していたシハヌークとソン・サン元首相に働きかけを行った。そして一九八二年に、ポル・ポト派とともに民主カンボジア三派連合政府が樹立された。ここに、東南アジアには、ベトナムを中心とするインドシナ三国とASEAN諸国とが、カンボジア問題をめぐって国際舞台で対立する構図ができあがった。

しかし、ベトナムにとっては、中国の脅威への対抗という観点からすれば、ASEAN諸国は「敵」ではなく、理解と支持を獲得すべき対象だった。また、ASEANの中でも中国への警戒感が強かったインドネシアとマレーシアは、ベトナムとの対話を重視するなど、表舞台での対立の背後では相互理解が進む構造が生まれていた。カンボジアでは、ヘン・サムリン政権の実効支配が広がり、同政権抜きの和平プロセスは想定しにくくなったことも、対話を促進する要因となった。ソ連のゴルバチョフ政権の登場で、米ソ対立、中ソ対立の緩和が進み、カンボジアの紛争当事者の間でも対話の機運が生まれると、ベトナムは一九八九年にはカンボジアから撤兵し、ベトナムとASEAN諸国の関係も急速に改善に向かった。カンボジア問題の「前線国家」として、反ベトナムの急先鋒だったタイも、「インドシナを戦場から市場に」というスローガンを掲げて、従来の反ベトナム姿勢を転換した。

しかし、最終的には、カンボジア問題の解決には大国間の同意が必要だった。一九八九年からパリで開催されたカンボジア和平国際会議には、当事者たるカンボジア四派、ベトナム、ラオス、ASEAN六カ国に加えて、国連安保理常任理事国の五カ国、オーストラリア、インド、日本、カナダなどが参加した。会議は難航するが、最終的には、和平後の総選挙実施と新政権樹立に至るまでの期間、国連カンボジア暫定統治機構(UNTAC)にすべての権限を委譲するという合意が形成され、一九九一年一〇月には和平協定が成立した。

2 ASEAN10への歩み

ベトナム戦争終結直後、ASEANはインドシナ三国との平和共存を提唱した。しかし、こうした試みは、先に述べたようにカンボジア紛争で一時挫折を余儀なくされた。ベトナム軍のカンボジア進攻は、ＡＳＥＡＮの内政不干渉という原則に反する行動と見なされ、ＡＳＥＡＮとしては、これを許容するわけにはいかなかった。一九八〇年代前半、ＡＳＥＡＮは、国連などの舞台でベトナムを非難し、カンボジアの反ベトナム三派連合政府を支持する点では対外的にまとまっていたが、内部では、ベトナムに対する強硬姿勢をとるタイ、シンガポールと、中国の脅威を重視しベトナムには柔軟に対応するべきだとするインドネシアやマレーシアとが対立していた。この時期、国際舞台でのＡＳＥＡＮの存在感は増したが、機構としてのＡＳＥＡＮはあまり大きな力を発揮することはできず、一九八四年に独立を達成したブルネイがＡＳＥＡＮに加盟したことが目立つぐらいだった。

しかし、国際情勢が「新冷戦」の緩和に向かうと、ＡＳＥＡＮとインドシナ三国の関係は、一挙に関係改善に向かうことになった。これは、経済のグローバル化の急速な進展の中で、ＡＳＥＡＮが経済統合をいっそう深化させ、さらには東南アジア全域を包摂する方向で拡大を果たすことで、ポスト冷戦期の世界での地位を固めようとしたためだった。

ＡＳＥＡＮ諸国は、それぞれの経済成長は顕著だったが、域内経済協力の実はあがっていなかった。しかし、経済のグローバル化で地域間の競争が激しくなる中、一九九二年の首脳会議でＡＳＥＡＮは、域内関税率を原則五％以下に引き下げるＡＳＥＡＮ自由貿易地域（ＡＦＴＡ）を、一九九三年からの一五年計画でつくることに合意した。

こうした時に、ベトナムからASEAN加盟の希望が表明された。ベトナムのASEAN接近には、①東アジア地域の経済的躍進への参加、②対米・対日関係などを促進する土台、③中国の潜在的脅威への対処、などの理由があったと考えられる。また主権を尊重し、加盟国のコンセンサスで運営されるASEANは、ベトナムにとっては加盟しやすい組織だった。これは、和平の成立で今後の経済発展が期待されるインドシナを自らの経済圏に組み込み、ASEANの国際的地位の強化をめざすASEAN先発国からみても、歓迎すべきことだった。一九九二年の首脳会議は、東南アジアのすべての国の東南アジア友好協力条約(TAC)への加入を歓迎することで合意するが、ベトナムはただちにTACに参加し、ASEANのオブザーバーとなり、一九九五年には正式加盟を果たした。一九九七年にはラオスとミャンマーが、そして一九九九年にはカンボジアがASEANに加盟し、東南アジア全域を包摂するASEAN10が実現した(二〇〇二年に独立した東ティモールの加盟は、二〇二一年現在まだ実現していない)。これは、東南アジアの歴史上はじめて、自らの意思で地域の一体化を実現したという点で、画期的な意義をもつ出来事だった。

こうした自己変革をとげたASEANは、より広域の制度形成にも積極的に取り組むようになった。ASEANは、一九七九年から、日本などの域外の対話パートナーも参加するASEAN拡大外相会議(PMC)を開催するようになっていたが、ASEANを埋没させてしまいかねない広域制度の形成には消極的だった。先進国主導で進んだＡＰＥＣの設立をめぐっても、ＡＳＥＡＮは当初、消極的だったが、ＡＰＥＣがＡＳＥＡＮの要求を取り入れるようになり、自信を増したＡＳＥＡＮは、一九九四年にはＡＳＥＡＮ地域フォーラムを開催するようになり、アジア太平洋の域外の主要国が安全保障対話に毎年参加するようになった。ついで一九九六年には、ＡＳＥＡＮの呼びかけで、日中韓三国も加わった東アジア諸国と、ＥＵ諸国との間の対話枠組みとしてアジア・ヨーロッパ会議（ＡＳＥＭ）が発足した。さらにアジア通貨危機で東アジアとしての地域協力の必要性が浮上した一九九七年には、ＡＳＥＡＮ首脳会議に日中韓の首脳が加わった「ＡＳＥＡＮ＋３」首脳会議が行われ、同時にＡＳＥＡＮと日中韓の個別の「ＡＳＥＡＮ＋１」形式の首脳会議も開催されるようになった。

三　開発独裁の終焉と改革の模索

1　インドネシア――スハルト体制崩壊へ

一九七〇年代には世界的な石油価格の高騰で産油国として恩恵を受けたインドネシアだったが、一九八〇年代に入って石油価格が低下すると、通貨切り下げを行い、輸出指向工業化が推進され、工業国へと脱皮した。

一九八〇年代には、世界的なイスラム復興の潮流がインドネシアにも及び、急進的なイスラム主義が出現するようになった。これを警戒したスハルト政権は、すべての政党と大衆団体に「パンチャシラ」(一九四五年憲法の前文に記された建国五原則。①唯一神への信仰、②人道主義、③インドネシアの統一、④民主主義、⑤社会的公正。「唯一神への信仰」は、アッラーを唯一の神とするイスラムを尊重しつつも、その他の神を信仰する宗教にも配慮した表現であり、イスラム国家樹立要求の歯止めだった)を唯一の原則とすることを求める、新政党法と大衆団体法などの政治五法を、一九八五年に公布した。

一九八〇年代半ばは、スハルト政権の体制安定装置が確立された時期だった。翼賛政党だったゴルカルは、一九八三年から大がかりな組織再編が行われ、大きく膨張していった。この膨張の過程で、それまではゴルカルに参加していなかった社会的エリートが多数加入するようになり、国軍と官僚から成っていたゴルカルの人的構成を大きく変えることになった。この過程で、それまでスハルトに対して批判的であったイスラム勢力や学生活動家、プリブミ実業家層がゴルカルを通じて体制内部に取り込まれるようになり、一九八〇年代後半以降、スハルト体制は安定の時代を迎える。

インドネシア経済は、プラザ合意以降の一九八七年から一九九七年のアジア通貨危機まで好況期を迎え、経済の自由化と民間資本活用が進んだ。その中で、スハルト一族を頂点とする企業家による利権ビジネスと政官財癒着構造が深刻化することになる。政治の舞台でも、一九九〇年代前半以降、ゴルカルの内部において大統領の親族に近い国軍子息会メンバーの勢力が大きく台頭し、一九八〇年代にゴルカルに加わった社会勢力からのグループと、政治ポストの分配をめぐる競争が激化した。しだいに大統領親族とそれに近いグループがゴルカル内の重要ポストに抜擢されるようになり、社会勢力からリクルートされたグループは相対的にその地位を低下させていく。また、国軍内部でもスハルト側近と軍主流派の間に溝が生ずることになった。

アジア通貨危機がインドネシアに波及すると、一挙にスハルト体制への批判が高まることになった。一九九八年三月以降、学生や知識人を中心に、汚職撲滅と政治・経済の全面的な改革(レフォルマシ)を求める民主化運動が高揚した。これに連動して、ゴルカルの中で地位が低下していた社会勢力からのグループが体制内対話派として台頭し、民主化勢力と連携し合意を形成していくようになる。彼らは、政治システムの不備、とくに立法府の政府監視機能、法律立案機能が役割を果たしていなかったことが経済危機の主要な原因であるという認識を共有し、立法府の復権を通じた制度構築による改革で一致することになる。そして、そうした改革の障害であったスハルトの個人支配の排除で合意した。五月にジャカルタで暴動が発生し、多くの犠牲者が出ると、国会は大統領に辞職を勧告し、経済閣僚一五名が辞任を表明し、国軍も大統領支持を撤回する中で、スハルトは退陣に追い込まれた。

スハルト退陣後、バハルディン・ユスフ・ハビビが大統領となり、そのもとで一九九九年六月に自由な総選挙が実施された。選出議員を主体とする国民協議会が一〇月に招集され、アブドゥラフマン・ワヒドが大統領に就任した。

2 マレーシア――マハティール政権

フセイン・オン政権についで一九八一年に首相になったマハティール(一九二五〜)は、その後二〇〇三年まで六次二二年間にわたって長期政権を維持した。マハティール政権は、大規模インフラ整備や国産自動車産業をはじめとする重工業化、外資導入による輸出指向工業化を進め、一九八八〜一九九七年の一〇年間には、年平均GDP成長率は一〇%を超え、国民の生活水準は急速に上昇した。

これに加え、ブミプトラ政策の展開の影響もあって、マレー人社会に大きな変化が生じていた。国立大学入学者に占めるブミプトラ(マレー人と先住民)の比率は、一九七〇年の四〇%から、一九八〇年には六七%に上昇していた。高等教育におけるマレー人学生の増加や、公企業や外資系の輸出産業におけるマレー人労働者の増加などの変化の中で、マレー人の間ではイスラム復興運動が台頭した。

マハティール政権は、イスラム国家をめざす過激なイスラム主義は抑え込みつつ、イスラムと開発の融合をはかり、マレーシアの世俗国家の枠組みの中でのイスラム化促進をはかった。マハティールは、大学生を中心とするイスラム復興運動団体であるマレーシア・イスラム青年運動の指導者だったアンワル・ビン・イブラヒムを統一マレー人国民組織（UMNO）に入党させ、一九八二年の総選挙では下院議員に擁立した。アンワルはその後副首相となり、一時はマハティールの後継者と目された。

UMNOは、華人系政党およびインド系政党とともに与党連合である国民戦線（BN）を形成し、長期政権を維持してきたが、一九八〇年代には、ブミプトラ政策によりマレー人の経済利益の擁護者であると同時に、イスラム的価値の擁護者としてもふるまうようになった。一九八一年にはじまる「ルックイースト政策」は、日本・韓国の集団主義に学ぶとともに、イスラム的な労働倫理を推奨するという面ももっていた。

こうした政治的安定を背景に、一九七一年以来の新経済政策が終了する一九九一年には、マレーシアを二〇二〇年までに先進国入りをさせるという「ビジョン2020」プロジェクトが新たに策定され、「マレーシア国民意識」を強調して、非マレー人社会にも開発過程への参加機会を与える政策も展開された。

しかし、UMNO指導部内での権力闘争が再三繰り返され、一九九七年のアジア通貨危機への対処をめぐっては、マハティールの企業家育成策が「クローニズム」（縁故主義）であるという批判を、アンワル副首相兼蔵相を中心とするUMNOの若手活動家が展開し、アンワルはその地位を追われることになった。

3 シンガポール――人民行動党支配

アジアNIESの一角を担ったシンガポールは、一九八〇年代にはコンピューター産業、石油化学産業、金融業などに力を入れ、一九九〇年代には情報通信、研究開発にも力を入れるようになった。リー・クアンユー政権には、経済成長が一定の水準に達すると、豊かさによる政治体制の正当化の限界がみえてきた。そのような状況で、新たな統合のシンボルとして強調されるようになったのが、伝統的価値・文化への回帰だった。

シンガポールでは、ほとんどの人にとっては母語でない英語で教育をほどこすことによって、多民族社会であるシンガポールが潜在的にはらんでいる民族対立を緩和する方針をとってきた。その結果、英語で授業を行う学校が、一九六五年の六一%から、一九七九年には九一%に達していた。しかし一九八〇年代に入ると、華人社会では標準中国語(北京官話)教育にも力が入れられるようになった。こうした教育政策の転換は、儒教的な伝統への回帰を強調する「アジア的価値」の提唱と軌を一にするものだった。「アジア的価値」論は、欧米のメディアや政府からなされるシンガポールの内政への批判に、西欧的価値の押し付けとして反駁する役割も果たしていた。

首相は、一九九〇年にリー・クアンユーからゴー・チョクトンに継承され、二〇〇四年にはリーの長男であるリー・シェンロンに引き継がれた。

4　タイ——国王を元首とした民主主義

一九七六年のクーデタ後に成立したターニン・クライウィチエン政権は、社会運動を厳しく取り締まったため、その指導者が共産党に合流するという事態を招いた。共産党の勢力拡大を危惧した軍部のクーデタで、一九七七年には軍事政権が生まれ、一九八〇年には陸軍司令官のプレーム・ティンスーラーノン(一九二〇～二〇一九)が首相に就任した。プレームは、経済成長で発言力を増した中間層の多いバンコクでは自由な選挙を実施し、選挙結果を尊重し議会内政党との協調につとめるなど、軍事政権が率先して民主主義を実現することで、国民の声を体制内に取り込み、共産主義者を孤立させる政策に転換した。折からの中越戦争で、タイ共産党内部で中国派とベトナム派の対立が激化したことも影響して、共産党からは大量の投降者が生まれ、プレームは一九八四年には国内冷戦の終結を宣言した。

一九八八年、総選挙で第一党になったタイ国民党のチャーチャーイ・チュンハワンの政権が生まれた。チャーチャーイ政権は、プラザ合意以降の好調な経済を背景に、「インドシナを戦場から市場へ」のスローガンを掲げ、カンボジア和平を積極的に推進するなどしたが、与党議員による利権あさりが横行し、一九九一年にはスチンダー・クラープラユーン陸軍司令官によるクーデタを招くことになった。

軍は、外交官出身のアーナン・パンヤーラチュンを首相に指名した。アーナン首相は、汚職撲滅や行政機構の効率化を進めて、高い評価を得た。これは、クリーンな政治のためには、腐敗した国会議員ではなく、有能な専門家集団による国政のほうがましだとする、その後の議会制民主主義批判の論点をつくることになった。

しかし一九九二年の総選挙後、スチンダー陸軍司令官が首相に就任したことは、大きな批判を巻き起こした。軍と反スチンダーのデモ隊の衝突で、大量の死者、逮捕者が出るにおよび、プミポン国王(ラーマ九世、在位一九四六〜二〇一六)が調停に乗り出し、デモ・集会は解散するかわりに逮捕者は釈放され、スチンダーは首相を辞任して、民政移管が実現した。軍部と民主化運動との対抗の中で、国王が独自のアクターとして政治に影響力を行使するようになったことも、この時期のタイ政治の大きな特徴である。一九七八年憲法に書き込まれた「国王を元首とした民主主義」が、立憲君主制という枠組みを超えての国王の政治介入を正当化するようになった。

軍政の打倒に大きな役割を果たした中間層も、教育水準の低い有権者が腐敗した政治家を議会に送り込んでいるという、議会制民主主義への懐疑をもっていた。アジア通貨危機で政治家不信が頂点に達した一九九七年、大卒以上の学歴を持たない者が国会議員や閣僚になることを禁止した憲法が成立した。チュアン・リークパイ政権はIMFの勧告を受け入れ、徹底した緊縮財政と規制緩和を実施したが、二〇〇一年の総選挙では、これを批判し、農民の債務返済の猶予や農村部の公共事業拡大、積極的景気刺激策を掲げるタクシン・チナワットのタイ愛国党が第一党になった。

5 フィリピン――マルコス政権の崩壊と「利益の政治」

この時期に民主化の動きが最初に顕在化したのは、フィリピンだった。マルコス政権の強権政治に対する不満が高まっていた時に、一九八一年にマルコスの取り巻き企業家(クローニー)が巨額の負債を抱えて海外逃亡して金融危機が発生し、政権の正当性をめぐる危機が深刻化した。一九八三年、マルコスの政敵だったベニグノ・アキノ元上院議員がフィリピンに帰国した際に暗殺されたことで、マルコス政権への信用は国内外で失墜した。こうした中で実施された一九八六年の大統領選挙は、マルコスと野党統一候補のコラソン・アキノ(ベニグノの夫人)が争い、国民議会はマルコスの「当選」を発表したが、選挙監視団の集計ではアキノが勝利していた。アキノは市民による不服従運動を呼びかけ、国防相やカトリック教会の枢機卿も反マルコスの姿勢を示し、一〇〇万の人々がアキノのシンボルカラーである黄色のシャツを着て街頭を埋め、ついにマルコスは亡命を余儀なくされた。この出来事は「ピープルパワー革命」と呼ばれている。

大統領に就任したコラソン・アキノは、民主主義の定着をはかり、一九八七年の憲法では任期六年の大統領の再選を禁じた。一九九二年に誕生したフィデル・ラモス政権は、反政府勢力との積極的和解政策をとり、ミンダナオで分離独立運動を展開していたモロ民族解放戦線との和平協定が結ばれた。

アキノ政権の末期から、フィリピン経済は本格的な開放体制に移行し、一九九〇年代を通じて貿易産業構造が大きく変化し、一九九八年には非在来型工業製品が輸出の八八％を占めるなど、順調な経済成長をみせた。しかし、同年の大統領選挙では、ラモス政権期の経済成長を実感できない庶民の支持を背景に、貧困対策を掲げたジョセフ・エストラーダが大統領に当選した。

ポスト・マルコス期のフィリピン政治では、少数有力家族を代表する旧政治家が復活したものの、かつてのようなエリート政治が復活することはなく、より競争的で参加型の民主主義が展開されるようになった。一人一票がものをいう選挙では、貧困層からの得票が大きな意味をもつが、大衆の人気をとるためのバラマキ政策は汚職や腐敗の温床になりやすい。経済発展の利益が自らにも及ぶことを求める貧困層を基盤とする「利益の政治」と、清廉潔白な政治を求める中間層を基盤とする「モラル政治」とが対抗するという構造が、フィリピンにも出現した。

6　ベトナム――ドイモイの歩み

ベトナム戦争が終結した後も、ベトナムでは経済的苦境が続いた。これは、カンボジア紛争の発生でベトナムが国際的に孤立したのに加えて、すでに述べたとおり「貧しさを分かちあう社会主義」からの抜本的転換が遅れたためだった。一九七〇年代末から八〇年代初頭にかけて、ベトナムからは国外に脱出する難民が大量に発生し、カンボジア・ラオスからの難民も加えたインドシナ難民問題が国際社会の注目を集め、ベトナムへの国際的非難が高まった。

経済的苦境の中で、一九七九年以来ベトナム共産党(一九七六年に労働党から改称)は、部分的な改革に取り組むが、成果は限定されていた。一九七〇年代末から一九八〇年代半ばにかけて、のちのドイモイ(刷新)に結びつく役割を果たしたのは、農業合作社の生産請負制など、機能しない「貧しさを分かちあう社会主義」を見限った人々が行った「闇行為」と、それを地方政権が取り込んだ「地方の実験」と呼ばれた改革の試行錯誤だった。これが共産党最高指導者の認識を変え、一九八六年の共産党第六回大会での「貧しさを分かちあう社会主義」からの訣別=ドイモイの提唱につながった。このような意味では、ベトナムのドイモイは「下からのイニシアティヴ」で発生したものだった。無論、ソ連のゴルバチョフがペレストロイカという改革を提唱したこともドイモイの追い風にはなったが、ドイモイの起源は、ペレストロイカの影響よりは国内の動向にあった。

ドイモイを開始したベトナムは、ソ連など社会主義陣営との関係を主軸とするそれまでの外交から、「世界のすべての国と友人になる」という全方位外交に転換し、カンボジア和平協定の成立、中国との関係正常化(一九九一年)、米国との国交樹立(一九九五年)、ASEAN加盟(一九九五年)によって、長年の国際的孤立から脱却した。この過程では、ASEANとの関係が改善されたことが大きな意味をもった。

ドイモイの経済面の施策は、アジアＮＩＥＳ、ＡＳＥＡＮ先発国の経済発展に合流することを主眼としており、外資導入をはじめとする経済の対外開放と市場メカニズムの導入が大きな柱だった。これは、後に「社会主義志向の市場経済」をめざすというスローガンに集約されることになる。一九九三年以降、日本をはじめとする西側諸国の経済援助も本格化し、外国からの投資も増大して、ようやくベトナム経済は発展の軌道に乗った。

政治面では、ソ連・東欧における社会主義体制の崩壊を見て、ベトナムは政治的多元主義（野党を含む複数政党制）を拒否し、共産党一党支配を堅持しつつ、その枠内で、立法機関の役割強化や法治国家の形成などの「政治システムの改革」が取り組まれることになった。一九八〇年代まで社会主義の普遍モデルに忠実だったベトナムも、ドイモイ以降は、「ホーチミン思想」を掲げ、ベトナムの実情に見合った社会主義を目指すようになった。

7 ラオス――チンタナカンマイの展開

カンボジア問題でベトナムと歩調をあわせていたラオスは、一九八六年のラオス人民革命党第四回大会でチンタナカンマイ（新思考）が提唱され、ベトナムのドイモイと類似した改革が実施されることになった。チンタナカンマイの経済分野への適用が新経済メカニズムで、その名のもとに、世界銀行・ＩＭＦ・アジア開発銀行などの処方箋に基づく、価格自由化、農業自由化、国営企業改革、貿易自由化、外資導入、税制改革、法整備などの改革が取り組まれた。

ラオスも、一九九二年のタイとの友好協力条約締結、一九九七年のASEAN加盟などで、対外関係を多角化していった。ベトナムとの関係は依然緊密だが、二〇〇〇年の中国との首脳相互訪問以降は、中国との関係も急速に拡大していくことになる。

8 カンボジア——カンボジア王国の復活

カンボジアでは、一九九三年にUNTACの監督下で総選挙が実施された。ポル・ポト派はボイコットしたため、選挙は王党派のフンシンペック党と、人民革命党から改称した人民党が第一党の地位を争ったが、フンシンペック党が勝利し、シハヌークの次男で同党党首のラナリットが第一首相、人民党のフン・センが第二首相となった。新憲法が制定され、カンボジアはシハヌークを国王とするカンボジア王国となった。

その後もラナリットとフン・センの対立は続き、一九九七年には両派が首都で武力衝突を起こす事態となり、ラナリットは失脚した。これは国際社会の批判を浴び、折から予定されていたカンボジアのASEAN加盟は延期となり、一九九九年にようやく実現することになった。一九九八年の総選挙では人民党が勝利し、フン・センを第一首相とするフンシンペック党との連立政権が形成された。

9 ミャンマー——軍事政権の延命策

ビルマは、一九七〇年代後半から限定的に外国援助を受け入れ、一時的には国営企業の生産が拡大し、「緑の革命」の成果もあって米の生産も増大した。しかしその後は停滞し、逆に債務問題が深刻化して、国連の後発発展途上国に認定されるまでになった。

悪化する経済状況下で、一九八八年に大規模な反政府運動が起き、ネイウィンは辞任するが、事態が収拾されなかったことから、国軍はクーデタを起こし、ソー・マウンを議長とする国家法秩序回復評議会(SLORC)が権力を握った。

SLORCは国名をミャンマー連邦に変更し、市場経済、複数政党制の導入と総選挙の実施を約束し、一九九〇年には総選挙が実施された。選挙では、民主化を求めるアウンサンスーチー(一九四五〜)が率いる国民民主連盟(NLD)が四八五議席中三九二議席を獲得して圧勝したにもかかわらず、SLORCは政権を委譲せず、民主化運動を武力で抑え込んだ。

軍政当局は、従来のビルマ式社会主義の誤りを認め、経済開放政策に転じた。貿易も自由化され、国境貿易も合法化され、タイや中国から消費財が輸入されて長年のモノ不足が解消され、外国投資法の制定で、石油・天然ガスの探査・採掘に外資が入ったり、木材加工にASEAN諸国からの投資が入るなどしたが、アジア通貨危機以降はアジア諸国からの直接投資は急減してしまった。

一九九二年にソー・マウンのあとをついだタン・シュエ将軍は、一九九七年にはSLORCを国家平和発展評議会(SPDC)に改称し、長期に政権を維持する姿勢を見せた。こうした中で、ミャンマーは一九九七年にASEAN加盟を実現した。これは、内政不干渉を組織原理とするASEANが、人権問題で欧米諸国から批判されていたミャンマーの国内問題には干渉しない姿勢を示したものだったが、欧米諸国からの批判は収まらなかった。政治体制の変革なしに経済の自由化を進めるのは非常に困難であることを、ミャンマーの事例は物語ることになる。

第 *10* 講
21 世紀の東南アジア

ASEAN10 の首脳陣
（ミャンマーではじめて開催された第 24 回 ASEAN サミット，2014 年 5 月）

	東南アジア	世界
2000	第1回ASEAN民衆会議	
2001	タイ，タクシン政権発足	
2002	東ティモール民主共和国成立	
	ASEAN，中国と「南シナ海における関係諸国行動宣言」に合意	
2003	ASEAN協和宣言II，ASEAN共同体設立を提唱	
2004	インドネシア，ユドヨノ政権発足	
	スマトラ沖地震・津波	
2005	インドネシア，アチェ紛争に関する和平協定	
	東アジアサミット	
2006	タイの裁判所，総選挙結果無効判決	
2007	ASEAN憲章調印	
		リーマンショック
2008	ミャンマー，新憲法制定	
2009	中国，九段線を提示し南シナ海に対する主張強化	
2011	ASEAN協和宣言III	
		国連サミット「持続可能な開発目標(SDGs)」提唱
2015	ミャンマー，総選挙でNLD圧勝	
	ASEAN共同体発足	
2016	タイ，プミポン国王死去	
2017	ミャンマー，国軍によるロヒンギャ武装勢力掃討作戦	
		米国，トランプ政権発足
2018	マレーシア総選挙，与党連合敗北	
2020		コロナ禍発生
2021	ミャンマーでクーデタ	

一　グローバルな課題と東南アジア

「持続可能な発展」という概念は、限りある地球資源と人間の生活とが両立する発展を追求し、現在地球上で生を営む世代と将来の世代が公平に発展の恩恵を享受できるようにしなければならない、という発想から提唱されたものである。一九九二年の国連地球サミットをつうじて世界に広まり、二〇一五年の国連サミットでは「持続可能な開発のための2030アジェンダ」が採択され、二〇三〇年を年限とする一七の「持続可能な開発目標（SDGs）」が定められた。SDGsは、いまや、人類的課題であるという認識が広がっている。

SDGsの前身である二〇〇一年に策定されたミレニアム開発目標（MDGs）が、発展途上国向けの開発目標であったのに対して、SDGsは、先進国と発展途上国がともに取り組むべき課題とされているのが特徴である。持続可能な世界は、世代間の公平だけでなく地域間の公平も確保する必要があるという認識、発展に伴う不平等と格差、競争の暴力的解決を回避し、地球規模で公平な発展を求めるという認識が反映されている。

持続可能な発展や地球温暖化・気候変動への対処、人間の安全保障などのグローバルな課題についての認識が広がり、こうした課題をめぐるグローバル・ガバナンスの必要性が認識されるようになったことは、二一世紀の大きな特徴といってよいだろう。

過去二〇年間に世界で最も気候変動の影響を受けた一〇カ国の中には、ベトナム、ミャンマー、フィリピン、タイが含まれている。東南アジアは、海面上昇、降雨量の減少、森林火災の増加、台風強度の増大などの気候変動の影響を、いちばん強く被っている地域の一つと考えられている。経済面では、二一〇〇年には気候変動の影響で東南アジア全体のGDPの二・二%が失われるとされているが、これに、人間の健康の悪化、自然災害の増大まで考慮に入れると、七・五%にまで増大するという予測もある。

こうしたグローバルな課題に対する人々の意識の高まりは、大災害などが発生した際の国際NGOの活動の発展を促した。二〇〇四年のスマトラ沖地震とそれに伴う津波で大きな被害を出したインドネシアのアチェ地方は、一九九八年のスハルト体制の崩壊以後、分離独立を求める自由アチェ運動（GAM）と国軍の間で内戦状態にあった。津波被害からの復興のために、多数の国際機関、外国政府、国際NGOが現地に入り、いわば「外に開かれた」地域となったことは、アチェ紛争に大きな変化をもたらした。国軍は当初、復興支援を独占的に管理しようとしたが、インドネシア政府が大挙訪れる国際NGOに対応するためアチェ・ニアス復興再建庁を設置すると、国軍の役割は後退した。ＧＡＭの側にも、内戦の継続が復興の妨げになるという認識が生まれた。そして何よりも、アチェの人々の外部世界との接触、情報の摂取が急速に広がったことも、状況の変化を促進した。

かくして二〇〇五年八月、フィンランドの仲介により、ヘルシンキでインドネシア政府とＧＡＭは和平協定に調印した。これは、グローバル時代の国際的災害復興支援が地域紛争の解決に結びついた典型例であり、また国際ＮＧＯと結びついた形で、東南アジア現地でもＮＧＯによる市民社会の活動が発展する一つの契機となった。

冷戦体制の崩壊で加速したグローバリゼーションのもとでは、市場経済という一つのシステムに世界の大半が組み込まれ、経済規模が拡大し、中間層が増大して、貧困が削減された。またデジタル化により、発展途上国も水平的に革新に加わることが可能になり、相互依存関係が深化した。すなわちインターネットの普及によって知識の独占が困難になり、大衆の力が増大するなど、「光」をもたらしたが、その反面、競争の激化、貧富の格差の拡大、環境破壊、異文化間の摩擦の増大、米国の巨大ＩＴ企業への情報集中、フェイクニュースやサイバー攻撃の横行、ＩＴを駆使した国家による国民監視体制の強化など、様々な「影」も深刻化している。グローバリゼーションで不利な立場におかれた発展途上国で、ナショナリズムが激化しているだけでなく、先進国でも、途上国の低賃金労働との競争、移民労働者の増加で、中間層の賃金が上昇せず、貧富の格差、雇用の不安が増大し、反グローバリゼーションの傾向が強まっている。二〇一七年の米国でのトランプ政権の発足や、二〇二〇年のイギリスのEU離脱も、こうした流れの中での出来事だった。

また、中国の大国としての台頭も、二一世紀になってより明確になった。二〇〇〇年代の初頭まで、中国は、米国との安全保障をめぐる対立を回避しつつ、経済成長に注力し、既存の国際制度に参加することを重視する対外政策をとっていた。しかし、しだいに順調な経済成長と軍事力・外交力の拡大で自信を強め、二〇〇八年のリーマンショック後の世界金融危機で米国の力が低下するのを見て、国際的な舞台で米国に並ぶ大国としての自己主張を強めていった。海洋進出もその一環で、二〇〇九年には、南シナ海のほぼ全域を包摂する海域(「九段線」ないし「牛の舌」とよばれる線で囲まれた海域)に対する中国の管轄権を強く主張するようになった。ベトナムやフィリピンなどと領有権をめぐる争いのある南沙(スプラトリー)諸島で施設建設などの動きを強化し、これを警戒する米軍との間にも緊張が生まれるなど、南シナ海をめぐる紛争が激化している。

経済面でも、中国市場の成長は、最終製品の巨大な消費市場を提供することになり、東南アジアを含む域内の貿易を深化させ、サプライチェーンの拡充をもたらす一方、中国企業の対外進出が、東南アジアの地場産業の「脱製造業」を促し、「経済のサービス化」が進んだ。世界的な経済の活性化の中で、多くの低所得国が中所得国への上昇をとげた。ただし、世界的に見ると、中所得国からさらに高所得国になる国は少ない。こうした、中所得国が高所得国への脱皮を遂げられず、中所得国にとどまる現象は「中所得国(中進国)の罠」と呼ばれ、二〇〇〇年代の後半以降、注目されるようになった。これは、低賃金の優位を活かした輸出産業による成長が、人件費の上昇で競争力を失い、成長が鈍化するために生ずる現象で、そこからの脱出のためには、産業の高度化、中間層の増加による内需の振興、インフラや教育の整備などが必要とされている。東南アジア諸国のような後発の中所得国では、中間層が増加するものの、依然として数の上では貧困層のほうが多い。また貧困層よりも、中間層の賃金上昇のほうが大きいために、格差が増大する傾向にある。こうした状況が貧困層の不満を高め、政治にも大きな影響を与えるようになっている。

二　ASEAN共同体の発足

1　地域統合の深化とASEAN経済共同体

ASEANは、一九九七年のアジア通貨危機と一九九九年のASEAN10成立以降、地域統合を加速させている。一九九八年の「ハノイ行動計画」から二〇〇〇年の「ASEAN統合イニシアティヴ」に至る一連の表明で、ASEANは、先発国と新規に加盟した後発国(カンボジア、ラオス、ミャンマー、ベトナム。CLMV)との間の域内格差を認め、その是正がASEANの統合に重要なことが確認された。

また、域外との関係では、地域協力のハブとしての機能を高め、一九九七年のASEAN＋3

（ASEAN＋日中韓）に続いて、二〇〇五年には、東南アジア友好協力条約（TAC）への加盟を条件に、東アジアサミット（EAS。発足時はASEAN＋日中韓、インド、オーストラリア、ニュージーランドのASEAN＋6。二〇一一年以降は米国、ロシアも参加しASEAN＋8に）が始まり、二〇一一年にはASEAN＋6でつくる広域自由貿易圏として地域的な包括的経済連携（RCEP）が呼びかけられた。一九九〇年代には、前講で述べたようにアジア的原理を掲げた「東アジア」が提唱されていたが、二一世紀に入って進展する「東アジア」としての連携は、むしろ普遍的原理による「開かれた」地域協力として構想されるようになった。

中国は、二〇〇〇年代にはASEAN諸国との協調に熱心で、二〇〇一年には他国に先立ってASEANと中国との自由貿易地域形成を呼びかけるなどした。こうした中国の動きへの対抗という思いもあって、日本や米国がASEANに積極的なアプローチをとるようになったことも、ASEANの存在感を増大させた。政治的な対立から日中韓三カ国の提携が進まない中で、ASEANは東アジア地域の協力のハブとして機能するようになったのである。

こうした中で、ASEANは、二〇〇三年の「ASEAN協和宣言Ⅱ」で、安全保障共同体、経済共同体、社会・文化共同体から構成される「ASEAN共同体」の結成をめざすことを打ち出した。当初は二〇二〇年の発足をめざしていたが、準備過程で二〇一五年に前倒しになった。もっとも、共同体といっても、従来の主権尊重、内政不干渉という原則は維持されており、依然、EUとは異なる形での共同体が模索されている。

ＡＳＥＡＮに共同体発足を促した最大の動機は、アジア通貨危機や中国の台頭といった状況の中で、東南アジアが外資にとって魅力ある地域であり続けるという経済目的だった。したがって、ＡＳＥＡＮ共同体の中でも中核的な意味をもっているのは、経済共同体である。

ＡＳＥＡＮ共同体が加盟各国の国家主権を前提とした共同体であることに規定されて、この経済共同体も、ＥＵのような単一通貨や関税同盟をもった法的拘束力の強い共同体ではなく、ＡＳＥＡＮ自由貿易地域（ＡＦＴＡ）の延長に新たな関連措置——物品貿易に加えてサービスの自由化、資本や熟練労働者のより自由な移動の実現など——を加えた、緩やかな共同体である。

ＡＳＥＡＮ諸国ではこれまで、国内の弱小なサービス産業を保護するため、物品貿易に比べてサービス業の自由化には慎重だったが、その段階的な自由化が共同体の課題とされ、近年ではＣＬＭＶ諸国への日本の大手スーパーやコンビニ業者の進出もはじまっている。しかし労働移動については、国ごとの所得格差が大きく、その自由化が各国の産業構造を崩壊させかねないことから、慎重な姿勢がとられており、当面は熟練労働者のみが自由化の対象となっている。また自国産業保護のための非関税障壁も数多く残されており、共同体の形成は緒に就いたばかりで、ＡＳＥＡＮは二〇二五年を経済共同体完成の目標としている。

ＡＳＥＡＮ経済共同体の「ブループリント」では、「単一の市場と生産基地」「競争力のある地域経済」「公平な経済発展」「グローバルな経済への統合」の四つの柱が掲げられた。この中でも要となっているのが、「単一の市場と生産基地」である。ここで「単一の生産基地」が強調されている背景には、この間の東南アジア経済の発展のあり方が反映されている。

一九九〇年代以降の日本や韓国などの製造業の東南アジア進出にあたっては、高度な工程間分業をともなった生産ネットワークが広がった。これは、輸送網などの物理的なインフラ、通関システムなどの制度的なインフラの改善と情報・通信革命の進展を前提として、生産プロセスを複数のブロックに断片化し、それを適地に分散立地して、ネットワークを通じて最も適切な形でつながっていくような生産形態である。やや単純化すれば、単純労働を使う生産工程は低賃金労働力が豊富にある後発国に立地されるのに対し、やや熟練が必要な工程は中進国に、より高度な人材を必要とする工程は先発国に配置されるという、生産形態である。ASEAN経済共同体がめざすのは、域内でのこうした工程間分業によってASEAN全体が「単一の生産基地」となっている状況である。

ASEAN諸国の発展段階の格差は、高度な生産工程間の分業体制を構築する上では、有利な条件になった。工程間分業は、後発国や後発地域にも工場ができるなど、発展の恩恵を広げることが期待されている。ただし、「単一の市場と生産基地」は、後発国にとって明るい話だけではない。ASEAN地域が、地域横断的な生産活動の場としても、また拡大する消費市場としても、大きく発展する可能性を有していることは確かだが、外資依存の輸出工業化政策が基本で、域内貿易・域内投資はまだ遅れている。特にＣＬＭＶ諸国は、国内資本形成が未熟な段階で、多国籍企業がリードする分業体制に組み込まれるため、かなり不利な立場におかれることは否定できない。

いずれにせよ、ＡＳＥＡＮの域内統合促進のための連結性の強化は、きわめて重要な課題である。二〇一〇年のＡＳＥＡＮ第一七回首脳会議では、物的連結性（道路、情報通信技術などのハード・インフラ）、制度的連結性（輸送協定・越境手続き・人材育成などのソフト・インフラ）、人的連結性（教育・文化・観光などにおける人の移動の円滑化）という、「ＡＳＥＡＮ連結性マスタープラン」が提唱された。このＡＳＥＡＮの連結性強化のシンボリックな事業が、ベトナムからミャンマーまで、大陸部東南アジアを横断する自動車道＝「東西回廊」であろう。二〇〇六年に整備がはじまった東西回廊は、二〇一五年に全線開通し、ＣＬＭＶ諸国の経済発展への刺激が期待されている。

2 「ＡＳＥＡＮの中心性」と試練

ＡＳＥＡＮが、広域の地域協力のハブとして機能するようになった背景としては、まず、ＡＳＥＡＮが東南アジア全域を包摂する組織になったことがあげられよう。二〇一八年時点で人口六億五〇〇〇万強、ＧＤＰの世界経済に占める割合が三・四％だったＡＳＥＡＮは、二〇三〇年には、人口が七億八〇〇〇万人となり、ＧＤＰシェアでは四・三四％になるとされている。東南アジア全域にまたがるＡＳＥＡＮは、インド洋と太平洋を結ぶ戦略的・地政学的価値を増大させ、市場や生産基地として大きな比重をもつようになっている。

これに加えて、ＡＳＥＡＮが中小国の連合であることも重要な意味をもった。中国の台頭と米国の覇権の後退の中で、東南アジア・東アジアでの米中の競合と対立が激化しているが、こうした状況のもとでは、この地域の統合の中心的役割をいずれかの大国が握ろうとしても、関係諸国間での合意は成り立ちにくい。むしろ、他国にとっての安全保障上の脅威になることが少ないＡＳＥＡＮが地域協力推進の「運転席」に座っているという構図のほうが、受け入れやすいものである。

こうした構図を、ＡＳＥＡＮ自身も「ＡＳＥＡＮの中心性」と呼んで重視している。つまりは、ＡＳＥＡＮ諸国自身も、域外大国も、東南アジアでいずれか一国が覇権を握るような地域秩序を望んでいない（たとえ望んでもさしあたりは実現不可能）と見なしている状況が、むしろ「ＡＳＥＡＮの中心性」の発揮を可能にしているわけである。これは、ＡＳＥＡＮの戦略という点から見れば、域外大国の影響力をバランスすることで、ＡＳＥＡＮとして得られるものを最大化しようとするものだから、大国間の覇権争いが激化すると、維持不可能になってしまう恐れを孕んでいる。

二〇一〇年代から活発になった中国の軍事的進出で緊張が高まっている南シナ海をめぐる紛争では、中国が二国間交渉による解決を主張しているのに対して、ＡＳＥＡＮ諸国は、ＡＳＥＡＮが用意した多国間対話での協議を主張し、二〇〇二年に中国との間で合意した「南シナ海における関係諸国行動宣言（ＤＯＣ）」を、法的拘束力のある「行動規範（ＣＯＣ）」に高めることを提唱している。

ＡＳＥＡＮとしては、加盟国がまとまって中国と交渉するスタンスをとっているわけだが、中国とＡＳＥＡＮの一部加盟国との対立激化は、ＡＳＥＡＮの内部に足並みの乱れを生じさせている。二〇一二年のＡＳＥＡＮ外相会議では、中国からの多額の援助を受けている議長国のカンボジアが、南シナ海問題を共同声明に盛り込むことに反対したため、共同声明が採択されないという事態がＡＳＥＡＮ史上はじめて発生した。現段階のレベルの紛争で足並みが乱れているのだから、米中の南シナ海での覇権争いがより激化した場合には、自らの安全保障を米国に求める国と中国に求める国に、ＡＳＥＡＮは分裂せざるをえないのではという懸念も存在する。これは、究極的な安全保障は域外諸国に求めざるをえない中小国連合のＡＳＥＡＮが持つ脆弱性といえようが、逆にだからこそ、ＡＳＥＡＮとしては、南シナ海の緊張の激化を一定のレベル以下に制御することに、強い動機を持つことにもなっているといえるだろう。

今一つの試練は、ＡＳＥＡＮが、主権尊重、内政不干渉、コンセンサスを原則とした、緩やかな共同体であることに関するものである。ＡＳＥＡＮのこうしたあり方は、一時は、ＥＵに比べて統合度が低い、劣った地域統合と見なされていたが、ＥＵからのイギリスの離脱といった事態との関係では、むしろ緩やかな共同体であることの強みにも注目が集まるようになっている。しかし、ＡＳＥＡＮ諸国の中で民主化を達成する国が増え、人権に注目するＮＧＯの活動も活発になるにつれて、民主主義の促進という観点から、主権尊重、内政不干渉、コンセンサスという原則のあり方が、改めて問い直されている。

二〇〇三年の「ＡＳＥＡＮ協和宣言Ⅱ」では「民主的」という言葉が、二〇〇六年の「ヴィエンチャン宣言」では「人権」という言葉が、ＡＳＥＡＮの公式文書としてははじめて登場した。二〇〇七年に制定されたＡＳＥＡＮ憲章では、従来の主権尊重、内政不干渉の立場を堅持しつつも、民主主義や人権の推進も謳っている。二〇〇〇年に第一回会議が開催されたＡＳＥＡＮ民衆会議（ASEAN People's Assembly）という、各国のＮＧＯが参加する市民社会の地域的ネットワークも誕生した。これは、一九九〇年代までは上述のように、「アジア的価値」を強調することが多かったのに比べると、大きな変化だった。ＡＳＥＡＮは、一九九〇年代にはミャンマーの軍政を黙認してきたが、二一世紀になると「建設的関与」の立場から、軍政への批判を強めるようになった。二〇〇五年には、ミャンマーに二〇〇六年のＡＳＥＡＮ議長国就任を辞退させ、二〇〇七年には軍政による民主化運動の武力弾圧を強く批判した。

こうした民主主義や人権をめぐっては、民主化を達成したインドネシアやフィリピンが、その推進のために内政不干渉原則を超えた取り組みが必要だとしているのに対して、新規加盟国の間には、従来の規範を堅持すべきだという意見が強い。

しかし、後者に属し、共産党の一党支配が続き、民主化には後ろ向きと見なされることの多いベトナムでも、変化が起きている。ベトナム共産党は、一九九一年の党大会で、共産党がめざす社会主義社会の具体像を示すスローガンとして、「民が豊かで、国が強く、公平で文明的な社会」が掲げられるようになったが、二〇〇一年からは、これに「民主的」という言葉が加わり、「民が豊かで、国が強く、公平で民主的で文明的な社会」といわれるようになり、さらに二〇一一年には、「民主的」の位置が前にあがり、「民が豊かで、国が強く、民主的で公平で文明的な社会」とされるようになった。これは、ＡＳＥＡＮの変化と軌を一にしたものであり、ベトナムが、ＡＳＥＡＮ加盟国として、民主主義に後ろ向きの姿勢はマイナスであると判断しているあらわれと理解できよう。

三　各国のいま

1　インドネシア——政治の安定

インドネシアでは、スハルト体制崩壊後、東ティモール、アチェ、パプアで分離独立運動が再燃したほか、各地で民族や宗教を異にする住民間の抗争が起き、国民統合をめぐって危機的な状況が生まれた。この危機を、インドネシアは、大統領と議会の権限の明確化、地方自治制度の導入、大統領と議会の対立を裁定できる憲法裁判所の設置などの制度改革によって、克服していった。二〇〇四年の大統領公選制、二〇〇五年の地方自治体首長公選制の導入以降、インドネシアの政治情勢は安定化していった。

大統領公選制が導入されて以降、スシロ・バンバン・ユドヨノ大統領（在職二〇〇四～二〇一四）、ジョコ・ウィドド大統領（在職二〇一四～、通称ジョコウィ）の二代の大統領のもとで、インドネシアは政治的安定を達成し、中国やインドなどの市場で需要が伸びた石炭やパームオイルの輸出拡大などに支えられ、順調な経済発展を享受できた。ジョコウィはジャワの地方零細企業家の出身で、エリートでも軍人でもない最初の大統領となった。この政治的安定には、汚職撲滅委員会（KPK）や憲法裁判所などの制度が有効に機能していることも寄与しており、インドネシアの政治は大きく変化したといってよいだろう。

この間、アチェ紛争は、二〇〇五年の和平協定調印後、二〇〇六年にはインドネシア国会がアチェ統治法を制定してアチェに大幅な自治権が付与され、同年に実施された州知事選挙では自由アチェ運動の元幹部が当選を果たした。東ティモールでは、独立運動の活発化を受け、一九九九年には、インドネシアは、独立か特別自治のもとでのインドネシア残留かを問う住民投票の実施を提案した。しかし、軍が政府の意思に反して、残留派の民兵を扇動して住民への脅迫や殺害を行わせ、全土が騒乱状態になった。そのため国連の介入を招くことになり、国連東ティモール暫定統治機構の下に置かれ、二〇〇二年に東ティモール民主共和国として独立を達成した。パプアでは、話し合いの相手となるべき独立グループの穏健派指導者を軍が暗殺してしまい、紛争の解決は遠ざかってしまった。

2　タイ――タクシン派と反タクシン派の抗争

タイでは、二〇〇一年に成立したタクシン政権が、村落基金や三〇バーツ医療制度などを導入し、貧困層の多い東北部など農村での支持基盤を強固なものにした。これに対して、都市の中間層が、貧困層向けの「バラマキ政策」という批判を強めたのに加え、タクシンのカリスマ性が「国王を元首とする民主主義」というタイ政治の根幹を揺るがすという危惧も生み出した。

二〇〇五年の総選挙ではタクシン派が勝利したが、反タクシン勢力は、二〇〇六年に「民主主義のための人民連合（ＰＡＤ）」を結成し、大規模な街頭デモを展開した。タクシンは国会を解散し選挙を行ったが、選挙で勝利する見込みがない反タクシン派は選挙をボイコットした。選挙ではタクシン派が勝利を収めたが、国王から対処を促された司法当局は、行政裁判所と憲法裁判所の合議で、選挙結果の無効判決を出した。事態が膠着する中で、軍がクーデタを起こし戒厳令を施行した。これ以降、司法当局は、タクシン派の政党への解散命令や、タクシン派が勝利した選挙の無効判決、タクシン派の首相の失職判決を繰り返している。

中間層が選挙を否定してしまったことで、選挙が利害調整の機能を果たせなくなり、農村部の貧困層を基盤とするタクシン派（赤シャツ派）と、都市中間層・官僚・軍が支える反タクシン派（黄シャツ派）との対立は膠着状態にある。長年タイ政治で仲裁役を担っていたプミポン国王も、晩年は反タクシン派への傾斜が強くなり、二〇一六年に死去した。

二〇一四年には、陸軍司令官のプラユット・チャンオチャが、クーデタでタクシン派政権を打倒し、首相に就任した。プラユット首相の退陣を求める学生などは、二〇二〇年にはこれまでタブーとされてきた王室批判を公然と行うようになり、タイの「国王を元首とする民主主義」は、厳しい試練にさらされている。

3 フィリピン――「庶民派」大統領の登場

一九九八年、映画俳優としての人気を背景に政治家になったエストラーダが、貧困対策を前面に掲げて大統領に就任した。庶民からの強い支持を受けたが、違法賭博およびたばこ税からの上納金疑惑から弾劾裁判で追い詰められ、二〇〇一年には辞任を余儀なくされた。

後を継いだグロリア・アロヨは、二〇〇四年の選挙でエストラーダに近い候補を破って大統領の地位を維持し、二〇一〇年まで政権を担当したが、汚職疑惑が相次ぎ、政治不信が増大した。二〇一〇年の大統領選挙では、清廉で知られたコラソン・アキノ元大統領の息子のベニグノ・アキノが当選した。アキノ政権は、順調な経済発展に支えられ、汚職追放や行政の透明化で実績をあげ、政治的安定を達成したが、二〇一六年の選挙ではアキノの後継候補は敗北し、麻薬撲滅、強いリーダーシップによる治安やインフラの改善を訴えたロドリゴ・ドゥテルテが当選した。人々は安定よりも変化を求め、庶民的なドゥテルテへの支持率は高いが、麻薬取締りに伴う人権侵害、反米親中の外交レトリックなどに批判も出ている。

このように、二一世紀のフィリピン政治では、大統領選挙において候補者のパーソナリティーが有権者にとって大きな意味をもつようになっている。与党は大統領の個人政党の様相を強く帯びるようになり、安定と変化の極に大きく揺れる状況が続いている。

4 マレーシア——政権交代

マハティールが二〇〇三年に引退すると、マレーシアの政治には大きな変化が生じた。与党連合BNの改革への対処が遅れる中で、レフォルマシ(改革)運動の中で形成された野党連合が支持を拡大し、二〇〇八年の総選挙ではBNの得票率は五一・四%まで落ち込み、結成以来はじめて下院の三分の二の安定多数を失った。

二〇〇九年に誕生したナジブ・ラザク政権は、マレーシアが「中所得国の罠」にはまっているという認識から、ブミプトラ優遇政策や低賃金労働の見直しを含む「新経済モデル(NEM)」を打ち出した。しかし、NEMに沿った改革が十分進まない中で行われた二〇一三年の総選挙では、野党連合が五〇・九%の得票を獲得したが、一票の格差がBNの基盤の農村部に有利につくられているため、政権交代には至らなかった。

その後、野党内部でイスラム主義をめぐる対立が発生し、希望連盟(PH)に改組されるなど、野党連合にも翳りが見えたが、二〇一五年に政府系投資会社ワン・マレーシア開発公社の関連会社からナジブ個人の口座に巨額の不正送金が行われたという疑惑が明るみにでて、BNの内部からも批判が噴出した。UNMOを離党したグループは、マハティール元首相とともにマレーシア統一プリブミ党(PPBM)を結成し、PHに加入した。二〇一八年の総選挙では、PHは一一三議席を獲得し、七九議席にとどまったBNは下野に追い込まれた。

マハティールの再登板には、BN政権の腐敗を一掃し、マレーシア経済の再建をはかる期待が寄せられたが、後継者問題をめぐるPH内の対立から、二〇二〇年二月にはマハティールが辞意を表明し、三月にはPPBMと野党に下野したUMNOなどを基盤に、ムヒディン・ヤシンが首相に就任したが、マハティールはこれに対抗し、政治的混乱が続いている。

5　シンガポール——人民行動党統治の継続

マレーシアの政権交代により、ASEANの先発加盟国五カ国の中で、建国以来同一政党の統治が続いているのは、シンガポールだけになった。

二〇〇四年にリー・クアンユーの息子リー・シェンロンが首相に就任したシンガポールでは、二〇一一年の総選挙で、それまで大半の議席を独占していた人民行動党(PAP)の得票率が独立以来最低の六〇・一％に落ち込み、野党労働者党が六議席を獲得した。これには、二一世紀に入って外国人労働者が増加し、市民の雇用機会が減少したことなどへの、中下層民からの批判があったと考えられている。

ＰＡＰ政権は、非高度人材に対する労働許可証の発行制限や、賃上げなど、すばやい対応を示し、二〇一五年の総選挙では得票率を六九・九％にまで回復した。しかし、二〇二〇年七月の総選挙では、ＰＡＰの得票率はふたたび六一・二％に減少し、労働者党は一〇議席を獲得した。ＰＡＰの絶対多数は続いているシンガポールだが、グローバル化した世界での競争力を維持しつつ、経済成長の恩恵に浴さない人々への配慮も実現していけるかどうかが、ＰＡＰ支配の今後を左右することになろう。

6　ミャンマー――民主化の進展

ミャンマーでは、軍政当局が、民主化運動を抑え込み、秩序回復をめざした。特に、僧侶も参加した二〇〇七年の民主化要求デモを軍政当局が厳しく弾圧したことは、強い国際的批判を招いた。二〇〇八年に制定された新憲法には、民政移管後も軍部が権力を温存できる仕組みが盛り込まれた。憲法改正には議会の四分の三以上の賛成が必要とされる一方で、議員の定数の四分の一は国軍代表に充てられ、軍の同意がなければ憲法の改正は不可能な仕組みがつくられ、また国防大臣、内務大臣、国境大臣は国軍司令官の指名とされた。また、議会によって選出される大統領には、親族に外国籍者がいないことが資格とされ、イギリス国籍ももつアウンサンスーチーは大統領に就任できない仕組みも盛り込まれた。

この新憲法に基づく総選挙が二〇一〇年に実施された。これを一九九〇年総選挙の結果を反故にするための選挙と受け取った国民民主連盟（NLD）は選挙をボイコット、軍政の御用政党が勝利し、国軍将校だったテイン・セインが大統領に選出された。その後、テイン・セインとアウンサンスーチーの直接対話が実現し、ミャンマーの政治は急速に民主化に向かう。これは、ミャンマーが国際的孤立から脱して経済発展を遂げるためには、方針転換が不可欠と新政権が判断したためだったと思われる。二〇一二年の補欠選挙ではアウンサンスーチーの立候補が認められ、続いて二〇一五年に実施された総選挙には、NLDも参加し圧勝した。アウンサンスーチーは大統領に就任できないため、「大統領の上にたつ」国家顧問となり、事実上彼女が最高権力者となる政府が誕生した。国際社会は、ミャンマーの民主化を歓迎し、援助を再開した。外国投資の動きも本格化し、経済成長も軌道に乗りつつある。

いっぽう、政治の民主化は、国民統合をめぐる問題を顕在化させている。少数民族武装勢力の存在は、独立以来、国家による暴力の一元的管理を達成できないでいるミャンマーの抱えた大きな問題である。少数民族側は、国軍と少数民族軍との対等合併や、ビルマ人が居住する管区を統合したビルマ州と少数民族州とからなる連邦制を導入し、州に中央政府の権限を大幅に委譲することなどを要求しているが、こうした連邦制には憲法改定が必要で、国軍が拒否権をもっており実現は容易でない。

またロヒンギャ問題も浮上した。ミャンマーでは、多数派である仏教徒の間でムスリム排斥運動が起きている。軍政時代なら容易に抑圧されていたこの種の動きは、民主化以降は強圧しにくい状況になっている。この排斥運動のターゲットとなったのが、西部のヤカイン州からバングラデシュにかけて居住するムスリムのロヒンギャだった。ミャンマー政府は、ロヒンギャをバングラデシュからの不法移民とみなして国籍を与えておらず、保護の対象としていない。二〇一〇年代には、政府や軍による迫害を逃れたロヒンギャ難民が、ボートピープルとして東南アジアの沿岸各国に漂着する事態が相次ぎ、国際問題になった。二〇一七年には、ロヒンギャの一部武装勢力によるミャンマー治安部隊への襲撃を契機に、国軍による掃討作戦が展開され、六〇万人以上が難民化し、国際社会からのミャンマー政府への批判が高まった。国防・治安問題には民選政治家の影響力が及びにくい構造があり、スーチー政権は、国際世論と、強硬な軍部および一部仏教徒との板挟みで、苦しい立場におかれた。

それでも、二〇二〇年一一月に行われた総選挙では、NLDが二〇一五年以上の地滑り的勝利を獲得した。国軍は、軍の特権的地位を保障している憲法が改正されることを警戒し、選挙での「不正」を口実に、二〇二一年二月一日にクーデタを起こし、スーチー国家顧問ら政権幹部を拘束して、権力を掌握した。これに対しては、市民からの強い反発が起こり、抗議活動が高揚しているが、国軍は、これを武力で弾圧し、抑え込もうとしている。二〇二〇年の総選挙で選出された議員らは、連邦議会代表委員会を立ち上げ、四月一六日には、暫定政府としての国民統一政府（NUG）を樹立して、国軍に対決している。一部の少数民族武装勢力と国軍の衝突も伝えられ、本書を執筆している四月末の時点で、今後の見通しはまだ明らかではない。

7 ベトナム――一つの世界の中のベトナム

ベトナムでは、政権を担当する共産党指導部の間で、世界は「資本主義世界と社会主義世界」という「二つの世界」から成り立っているという、冷戦崩壊以前の教条が残っていた。しかし、アジア通貨危機は、ベトナムをいっそうグローバル化と地域統合へ向かわせることになり、こうした思考からベトナムを解き放っていくことになる。二〇〇一年に開催された共産党第九回党大会では、ベトナムを世界経済と地域経済に「主導的」に統合させる必要性が強調された。この党大会では、ベトナムの経済が「社会主義志向市場経済」であるという規定が登場した。このベトナムの「社会主義志向市場経済」は、資本主義世界経済と別個に存在する「社会主義世界経済」ではなく、グローバル化のもとでの統合度を高めている単一の世界経済の一部を構成するものと見なすようにもなったわけである。

こうした変化をふまえて、外交政策の転換が明瞭になったのは二〇〇三年だった。この年に開催された中央委員会総会では、米国や中国を含む大国との関係について、「各国のわが国に対する利益を互いに折りあわせて、対立、孤立、あるいは隷属といった事態に陥らないようにする」という発想から、イデオロギー面での「友と敵」という論理ではなく、課題や局面ごとの「パートナー」という論理で大国との関係を律していくことを確認した。米中日などの大国の影響力をうまくバランスすることで、ベトナムの自律と安全を確保するという外交方針への転換を行ったのである。「二つの世界」観から脱却し、グローバル化を強める「一つの世界」へベトナムを結びつけていくという方針は、二〇〇七年のベトナムの世界貿易機関(WTO)加盟によって、より決定的になったといってよいだろう。

このような外交政策を反映して、ベトナムは、主要な国々との間の「戦略的パートナーシップ」の形成を重視している。「戦略的パートナーシップ」の合意は、ロシア(二〇〇一年)、日本(合意二〇〇六年、確認二〇〇九年)、インド(二〇〇七年)、中国(二〇〇八年)、韓国(二〇〇九年)、イギリス(二〇一〇年)、ドイツ(二〇一一年)、イタリア、タイ、インドネシア、シンガポール、フランス(以上二〇一三年)などに広がっている。また、米国とは二〇一三年に「包括的パートナーシップ」の合意に到達している。近年、中国の台頭に伴い、米国との関係を含むベトナムの「全方位外交」には拍車がかかっており、二〇一六年には米国の対ベトナム武器禁輸措置が解禁され、軍事的な協力関係が深まっている。

ベトナム共産党は、順調な経済発展に支えられて政治的安定を達成しているが、市場経済下で多元化する社会を統治していく上で、様々な利害を政治的に調整する場が必要なことも認識するようになった。反政権野党の存在する政治的多元主義を拒否している共産党が重視しているのは、国会などの民選議会の活性化である。これを象徴する出来事が二〇一〇年にあった。

この年の六月、国会は、政府が提案した南北縦断新幹線計画の審議をした。審議は、国家予算の二・五倍の事業費というきわめて多額の投資を要する新幹線建設が、ベトナムの経済力の現状に見合っているかどうかに集中した。そのため政府は、計画をいくつかの段階に分ける案を提出して国会の同意を求めたが、採決では、議場にいる議員数四二七名のうち賛成は一八五名にとどまり、政府案は否決された。

新幹線ほどの巨額な予算が必要な案件は、共産党最高指導部の同意のもとに政府が決定して国会に提出する。では、共産党指導部が承認している案件が、共産党員が九割前後を占めている国会で否決されるような事態は、なぜ起きたのだろうか。これは共産党が、例外的なケースを除いて、党員の国会議員に対し共産党の決定に従うことを要求する、日本式に言えば「党議拘束」をかけていないからである。共産党員議員でも個人の判断で投票行動をとれる分、多元的な利害が国会で表出される可能性が出てくるというわけである。

共産党の主導する政治システムの改革が、どの程度、国民の不満を吸収する弾力性をもてるのかが、今後のベトナムの政治動向を左右していくと考えられる。

8 ラオス――隣国との関係の試練

ラオスも、二一世紀に入って比較的順調な経済成長をとげるようになり、二〇一三年にはWTO加盟を果たした。その成長は、銅・金・銀や石灰などの鉱物資源と、水力発電による電力輸出が牽引力だった。二〇一〇年代以降は、タイやベトナムから人件費の高騰のためにラオスに工場を移す企業も増え、繊維などの製造業も拡大するようになった。この中で目立つのは、借款、投資、貿易などをめぐっての中国のプレゼンスの強化である。中国国境のボーテンから古都ルアンプラバンを経て首都ビエンチャンに至る鉄道の建設が、中国からの援助で進められており(二〇二一年完成予定)、その経済効果が期待される一方で、債務の累積にも懸念が生じている。先に述べた東西回廊と、中国・ラオス・タイを結ぶ南北回廊とは、ラオスの経済発展に寄与しているが、内陸国ラオスが隣国中国、ベトナム、タイとの関係をどのように調整していくのかが、大きな課題になっている。

9 カンボジア――人民党一党支配体制

カンボジアでは、二一世紀に入って、人民党の一党支配体制が強化されている。二〇〇四年にはシハヌークが国王から退位し、息子のシハモニが即位したが、国王の政治的影響力は減少した。人民党は、二〇〇六年に、内閣信任に必要な国会議員数を三分の二から過半数にする憲法改定を可決させ、これによって単独の組閣が可能になった。二〇〇八年の総選挙では、人民党は七割以上の議席を獲得して大勝し、フンシンペック党の大臣ポストはなくなった。しかし、二〇一三年の選挙では、サム・ラーシンが率いるサム・ラーシン党と人権党が統合して救国党が結成され、人民党に迫る議席を獲得した。しかし、二〇一五年には救国党党首のサム・ラーシンの議員資格と不逮捕特権を剝奪し、二〇一七年には最高裁判所によって救国党の解散命令が出され、二〇一八年の総選挙では人民党がほぼすべての議席を独占した。この間、人民党の内部では首相を務めるフン・センの権力が強化された。

二〇〇〇年代半ば以降、カンボジアは中国との経済的関係を強化し、中国からの借款援助、投資、貿易が増大している。こうした中国への傾斜は、人民党の独裁化に対する欧米の批判が高まることで、いっそう強まっており、ASEAN内部ではしばしば中国寄りの姿勢を公然と示すようになっている。いっぽう、従来は人民党と深い関係をもっていたベトナムは、こうしたカンボジアの中国接近を苦々しく思いつつも、反ベトナム的姿勢が強い野党よりは人民党のほうがましなこともあり、対決姿勢は示していない。このことも、「一周遅れの権威主義体制」ともいえるフン・センの独裁には有利に作用している。

四　結びにかえて――コロナ禍と東南アジア

二〇二〇年に世界を襲ったコロナ禍は、東南アジアにも大きな影響を及ぼしている。表1は、二〇二一年五月一五日現在のコロナの感染状況を示している。変異ウイルスの感染拡大で、状況は変化しているが、東南アジア全体では、人口百万人あたりの感染者が五四八七人、死者が一〇八人で、全世界の平均値よりは低く、日本と感染者数でほぼ同一、死者はやや多いという現況にある。

国別にみると、状況はきわめて多様で、統計に信頼がおけるASEANの当初からの加盟国とベトナムの六カ国で見た場合、インドネシア、フィリピンは、感染が拡大し、人口百万人あたりの死者も三桁に達しているのに対し、マレーシア、シンガポールとタイは、感染は拡大したものの、死者は低い数値に抑えられており、ベトナムは、感染の抑制にいまのところ成功していると言えよう。こうした多様性がみられる要因は様々だが、感染抑止の成否を、過度に国家の統治形態に帰するのは、東南アジアに即してみると、問題があるように思われる。

ベトナムの成功は、しばしば、中国同様の共産党一党支配という統治形態で説明されることが多

表1　世界と東南アジアのコロナ感染状況
(Worldometer's Covid-19 Data, 2021年5月15日)

	感染者数	百万人あたり感染者数	死者数	百万人あたり死者数
全世界	162,520,099	20,850	3,370,159	432
米国	33,663,765	101,188	599,302	1,801
日本	665,547	5,276	11,255	89
英国	4,446,824	65,207	127,668	1,872
中国	90,815	63	4,636	3
インドネシア	1,734,285	6,283	47,823	173
フィリピン	1,131,467	10,208	18,958	171
マレーシア	462,190	14,124	1,822	56
ミャンマー	143,035	2,614	3,212	59
タイ	96,050	1,373	548	8
シンガポール	61,505	10,442	31	5
カンボジア	21,499	1,271	147	9
東ティモール	3,879	2,895	8	6
ベトナム	3,816	39	35	0.4
ラオス	1,498	203	2	0.3
ブルネイ	232	526	3	7

いが、一党支配下の管理国家という面では共通するシンガポールは、感染抑制ができなかった。これは、シンガポールが受け入れている、バングラデシュ、インド、マレーシアなどからの外国人労働者の間で集団感染が広がったためである。

ベトナムのケースも、北方＝中国発の脅威に対する歴史的経験などから、民衆レベルで強い危機感が共有されたことが、共産党や政府の迅速で果断な対応を可能にしているように思われる。いずれにせよ、コロナはいまなお感染が拡大しており、いわば「途中経過」で地域や国ごとの状況を比較するのは危険だろう。

コロナ禍によって、東南アジアは、経済面で大きな打撃を受けた。主要国でプラス成長を達成したのはベトナムだけ(二・九一%)で、他は、フィリピンの九・五%、タイの六・一%、シンガポールの五・四%、インドネシアの二・〇%など、いずれもマイナス成長となっている。

経済のグローバル化、特に民間企業によるサプライチェーンの国境を越えた拡充が急速に進んでいた東南アジアでは、コロナ禍で各国がとった国境閉鎖措置により、サプライチェーンが寸断され、操業の停止や縮小に追い込まれる企業が続出した。二〇二〇年三~四月に各国で実施された移動制限の中でも、マレーシアのそれは特に厳しく、タイやミャンマーに進出している化学や家電などの日系企業にも深刻な影響がでたのは、その典型例だった。

経済のグローバル化に伴って増大したのが、労働力移動である。東南アジアでは、タイ、マレーシア、シンガポールが外国人労働者の「受入国」で、ベトナム、フィリピン、インドネシア、カンボジア、ラオスが「送出国」だが、コロナ禍は、外国人労働力への依存の問題点を浮かび上がらせることになった。シンガポールでの外国人労働者の間での感染拡大や、日本で、コロナ禍で失業したり、帰国できず在留期限が切れたベトナム人技能実習生の生活苦などは、「受入国」の側で発生した典型的な問題であろう。「送出国」側でも、出稼ぎ労働者の本国送金の減少、帰国した労働者による感染の拡大や、失業問題の悪化など、様々な問題が起きている。

また、この間、「経済のサービス化」が進んでいたことも、東南アジア経済への打撃を大きなものにした。特に、外国人観光客の来訪が激減したことは、観光産業による外貨収入が輸出金額の四分の一を占めているタイやカンボジアを筆頭に、「観光立国」をはかっている国が多い東南アジアには、大きな打撃となった。

だが、コロナ禍がつきつけている最も大きな試練は、コロナ感染防止対策として、各国が否応なく、国境という壁を高くする措置をとっている中で、東南アジアが、世界にも、地域内にも開かれた東南アジアという道を、引き続き堅持していくことができるかどうかという点にあると言えよう。コロナ禍で、国家の役割が再認識されている。それは、「自由な移動」を理念として掲げてきたEUが、感染拡大阻止のために域内の国境を封鎖せざるをえなかったことに典型的に示されている、国家による国境管理の重要性が浮かび上がったことや、コロナ禍のもとでの国民の生活保障、雇用保障、景気回復のための財政政策など、国家主導の経済政策が必要だったこと、医療福祉サービスの過度の市場化に反省が生まれ、国家の役割が重視されるなどによっている。

こうした国家の役割の強化は、行き過ぎると「自国第一主義」に結び付きかねない。加えて、中国が感染抑止に成功したことから、危機管理にとっては、民主主義的統治よりは、一党支配のような強権体制のほうが有効であるという認識が生まれている。東南アジアに即してみると、先述したように、この議論の妥当性はあまり高くないと筆者は考えるが、二〇二一年二月にクーデタを起こしたミャンマーの軍部などは、こうした風潮の影響を受けているとも考えられよう。

ミャンマーの軍事クーデタは、ASEANにとって大きな試練である。ASEANは、二〇二一年四月一六日に緊急の首脳会議を開催し、武力行使の即時停止と、関係者全員の建設的話し合いを呼びかけ、ASEAN特使の派遣などを提案し、国連安保理もこのASEANのイニシアティブを歓迎したが、まだ実効性を発揮するには至っていない。ミャンマーに対する強力な措置は、ASEAN内部の意見一致が難しい面はあるものの、事態に有効な打開策を打ち出せないのでは、ASEANの存在価値が問われかねない。

また経済面でも、各国で医療機器や医薬品などの不足が顕在化したことから、戦略物資の国産化を追求する傾向も生まれ、これまで分散が強調されてきたサプライチェーンの短縮化を重視するような動きも生まれている。ただし、在ASEAN日本人商工会議所連合会とJETRO(日本貿易振興機構)が二〇二〇年七月に行った、各国の日本人商工会議所所属企業への調査では、当面の調達・生産管理の見直しでは、製造業の四五・五%が「調達先の多元化」をあげており、依然としてサプライチェーンの分散という発想が強いことが示されている(JETRO地域・分析レポート『ASEANでの新型コロナ禍を振り返る』二〇二〇年一一月六日)。

サプライチェーンの分散強化ということであれば、東南アジアは有利な面がある。米中対立の激化や、コロナの初期の中国での感染拡大で、過度にサプライチェーンが中国に依存している状況の見直しがなされるようになっており、生産拠点を、中国から、ベトナム、タイ、マレーシアなどのASEAN諸国に移動させる動きが、日本企業などの中に生まれており、東南アジアにとっては、今後、有利に作用する可能性もある。

いずれにせよ、コロナ禍で、サプライチェーンの国際的展開や国際労働力移動が寸断され、国家の役割が増大したことで、「自国第一主義」的な風潮が台頭するのか、あるいは、こうした危機をいっそうの国際協調の深化で乗り切ろうとするのかという選択が、東南アジア諸国に問われていると言ってよいだろう。二〇二〇年一一月、当初の予定からインドは外れてしまったが、日中韓、ASEAN一〇カ国、オーストラリア、ニュージーランドの一五カ国で、「地域的な包括的経済連携(RCEP)」の発足への合意が首脳会議で成立したことは、域内では、後者のような傾向が依然、基調とはなっていることを示していると言えよう。東南アジアの発展を維持し、世界的な不況からの早期の離脱をはかるとともに、外に向かって自らを開くことで、自律性を高めてきた、発足以来半世紀のASEANの歩みを自己否定しないためには、こうした傾向の堅持が強く求められていると言えよう。

二〇二一年初頭に開催されたベトナム共産党の第一三回大会では、ベトナム独立百周年となる二〇四五年までに、ベトナムを、「発展途上国」から脱却させ、高所得の先進国にするという目標が掲げられた。これは、この間の、ドイモイによる順調な経済発展やコロナ抑止の成功(党大会の時点までの)などで、ベトナムが自信をつけていることを示している。一九九五年にASEANに加盟した時には、「お荷物」になることが懸念されたベトナムが、四半世紀で、発展途上国からの脱却を掲げるに至ったことは、印象的な出来事である。

今や、工業化を達成するか軌道に乗せた東南アジア諸国は、ＩＴの分野などでは、日本よりも先を行く面をそなえつつある。インターネットによる、国境を越えてやり取りされるデータの量の国際比較(二〇一九年)では、中国・香港が第一位を、インドが第四位を占め、東南アジアからも、シンガポールが第五位、ベトナムが第七位に入っている。二〇〇一年には第五位だった日本は、第一一位に後退している。

こうした状況を背景にして、ＡＳＥＡＮは、本講冒頭に述べた環境問題など、地球規模の問題に積極的に関与するなど、グローバルな発信を強化しようとしている。これは、独自の文化は発展させてきたものの、「文明の発信地」ではなかった東南アジアにとっては、その歴史に挑戦する課題である。コロナ禍でＥＵの統合モデルの問題が露呈している中で、ＡＳＥＡＮはコロナ後の世界にＥＵとは異なる地域統合のモデルを提示することができるだろうか。ＡＳＥＡＮ諸国の多くが独立から一世紀を迎える二一世紀半ばまでの歩みが注目される。そして、こうした東南アジアに対して、日本は、発展途上国と援助供与国という関係ではなく、より「対等のパートナーシップ」を築くことが、強く求められていると言えるだろう。

秋・田中優子訳）法政大学出版会，2002 年
歴史学研究会編『世界史史料 3　東アジア・内陸アジア・東南アジア I』岩波書店，2009 年
歴史学研究会編『世界史史料 4　東アジア・内陸アジア・東南アジア II』岩波書店，2010 年
和田春樹ほか編『岩波講座東アジア近現代通史 10　和解と協力の未来へ　1990 年以降』岩波書店，2011 年
Wolters, O. W., *History, Culture and Region in Southeast Asian Perspectives*（revised version）, Cornell University Southeast Asia Program Publications, 1999

古田元夫『ベトナムの基礎知識』めこん，2017年
本名　純『民主化のパラドックス──インドネシアにみるアジア政治の深層』岩波書店，2013年
牧紀男・山本博之編著『国際協力と防災──つくる・よりそう・きたえる』京都大学学術出版会，2015年
増原綾子『スハルト体制のインドネシア──個人支配の変容と1998年政変』東京大学出版会，2010年
増原綾子・鈴木絢女・片岡樹・宮脇聡史・古屋博子『はじめての東南アジア政治』有斐閣，2018年
水島司・加藤博・久保亨・島田竜登編『アジア経済史研究入門』名古屋大学出版会，2015年
村嶋英治『ピブーン──独立タイ王国の立憲革命』岩波書店，1996年
桃木至朗『歴史世界としての東南アジア』山川出版社，1996年
桃木至朗編『海域アジア史研究入門』岩波書店，2008年
桃木至朗『中世大越国家の成立と変容』大阪大学出版会，2011年
八尾隆生『黎初ヴェトナムの政治と社会』広島大学出版会，2009年
山影　進『ASEAN──シンボルからシステムへ』東京大学出版会，1991年
山影　進『ASEANパワー──アジア太平洋の中核へ』東京大学出版会，1997年
山影進編『新しいASEAN──地域共同体とアジアの中心性を目指して』アジア経済研究所，2011年
山崎元一・石澤良昭編『岩波講座世界歴史6 南アジア世界・東南アジア世界の形成と展開 15世紀』岩波書店，1999年
山田紀彦編『独裁体制における議会と正当性──中国，ラオス，ベトナム，カンボジア』アジア経済研究所，2015年
山田紀彦『ラオスの基礎知識』めこん，2018年
山本博之『脱植民地化とナショナリズム──英領北ボルネオにおける民族形成』東京大学出版会，2006年
油井大三郎・古田元夫『世界の歴史28 第二次世界大戦から米ソ対立へ』中公文庫，2010年
リード，アンソニー『大航海時代の東南アジア』I・II（平野秀

2016年
永積　昭『インドネシア民族意識の形成』東京大学出版会，1980年
中西嘉宏『軍政ビルマの権力構造――ネー・ウィン体制下の国家と軍隊 1962–1988』京都大学学術出版会，2009年
中野聡編『岩波講座東アジア近現代通史8 ベトナム戦争の時代 1960–1975年』岩波書店，2011年
中村　哲『東アジア資本主義形成史論』汲古書院，2019年
中村正志『パワーシェアリング――多民族国家マレーシアの経験』東京大学出版会，2015年
西口清勝・西澤信善編著『メコン地域開発とASEAN共同体――域内格差の是正を目指して』晃洋書房，2014年
根本　敬『アウン・サン――封印された独立ビルマの夢』岩波書店，1996年
根本　敬『物語 ビルマの歴史――王朝時代から現代まで』中公新書，2014年
萩原宜之『ラーマンとマハティール――ブミプトラの挑戦』岩波書店，1996年
波多野澄雄『太平洋戦争とアジア外交』東京大学出版会，1996年
浜下武志・川勝平太編『アジア交易圏と日本工業化 1500–1900』リブロポート，1991年
早瀬晋三『海域イスラーム社会の歴史――ミンダナオ・エスノヒストリー』岩波書店，2003年
弘末雅士『東南アジアの港市世界――地域社会の形成と世界秩序』岩波書店，2004年
フイ・ドゥック『ベトナム――勝利の裏側』(中野亜里訳)めこん，2015年
古田和子編著『都市から学ぶアジア経済史』慶應義塾大学東アジア研究所，2019年
古田元夫『歴史としてのベトナム戦争』大月書店，1991年
古田元夫『ホー・チ・ミン――民族解放とドイモイ』岩波書店，1996年
古田元夫『ベトナムの世界史――中華世界から東南アジア世界へ』(増補新装版)東京大学出版会，2015年

杉原　薫『アジア間貿易の形成と構造』ミネルヴァ書房，1996年
スコット，ジェームス・C.『モーラル・エコノミー――東南アジアの農民叛乱と生存維持』(高橋彰訳)勁草書房，1999年
スコット，ジェームズ・C.『ゾミア――脱国家の世界史』(佐藤仁監訳)みすず書房，2013年
鈴木絢女『「民主政治」の自由と秩序――マレーシア政治体制論の再構築』京都大学学術出版会，2010年
鈴木早苗『合意形成モデルとしてのASEAN――国際政治における議長国制度』東京大学出版会，2014年
鈴木静夫『物語 フィリピンの歴史――「盗まれた楽園」と抵抗の500年』中公新書，1997年
セデス，ジョルジュ『インドシナ文明史』(辛島昇・内田晶子・桜井由躬雄訳)みすず書房，1969年
玉田芳史『民主化の虚像と実像――タイ現代政治変動のメカニズム』京都大学学術出版会，2003年
田村慶子『シンガポールの国家建設――ナショナリズム，エスニシティ，ジェンダー』明石書店，2000年
田村慶子『シンガポールの基礎知識』めこん，2016年
坪井祐司『ラッフルズ――海の東南アジア世界と「近代」』山川出版社，2019年
東京大学社会科学研究所現代中国研究拠点編『コロナ以後の東アジア――変動の力学』東京大学出版会，2020年
東南アジア学会監修『東南アジア史研究の展開』山川出版社，2009年
富永泰代『小さな学校――カルティニによるオランダ語書簡集研究』京都大学学術出版会，2019年
豊岡康史・大橋厚子編『銀の流通と中国・東南アジア』山川出版社，2019年
トラン・ヴァン・トウ，苅込俊二『中所得国の罠と中国・ASEAN』勁草書房，2019年
トンチャイ・ウィニッチャクン『地図がつくったタイ――国民国家誕生の歴史』(石井米雄訳)明石書店，2003年
永井浩・田辺寿夫・根本敬編著『「アウンサンスーチー政権」のミャンマー――民主化の行方と新たな発展モデル』明石書店，

立と展開』岩波書店，2001 年
石井米雄編『岩波講座東南アジア史 3 東南アジア近世の成立』岩波書店，2001 年
桜井由躬雄編『岩波講座東南アジア史 4 東南アジア近世国家群の展開』岩波書店，2001 年
斎藤照子編『岩波講座東南アジア史 5 東南アジア世界の再編』岩波書店，2001 年
加納啓良編『岩波講座東南アジア史 6 植民地経済の繁栄と凋落』岩波書店，2001 年
池端雪浦編『岩波講座東南アジア史 7 植民地抵抗運動とナショナリズムの展開』岩波書店，2002 年
後藤乾一編『岩波講座東南アジア史 8 国民国家形成の時代』岩波書店，2002 年
末廣昭編『岩波講座東南アジア史 9「開発」の時代と「模索」の時代』岩波書店，2002 年
早瀬晋三・桃木至朗編『岩波講座東南アジア史 別巻 東南アジア史研究案内』岩波書店，2003 年
佐藤考一『「中国脅威論」と ASEAN 諸国――安全保障・経済をめぐる会議外交の展開』勁草書房，2012 年
佐藤百合編『民主化時代のインドネシア――政治経済変動と制度改革』アジア経済研究所，2002 年
清水一史・田村慶子・横山豪志編著『東南アジア現代政治入門』(改訂版) ミネルヴァ書房，2018 年
白石　隆『スカルノとスハルト――偉大なるインドネシアをめざして』岩波書店，1997 年
白石　隆『海の帝国――アジアをどう考えるか』中公新書，2000 年
白石昌也『ベトナム民族運動と日本・アジア――ファン・ボイ・チャウの革命思想と対外認識』巌南堂書店，1993 年
白石昌也編『第二次世界大戦期のインドシナ・タイ，そして日本・フランスに関する研究蓄積と一次資料の概観』早稲田大学アジア太平洋研究センター，2015 年
末廣　昭『タイ――中進国の模索』岩波新書，2009 年
末廣　昭『新興アジア経済論――キャッチアップを超えて』岩波書店，2014 年

菊池百里子『ベトナム北部における貿易港の考古学的研究――ヴァンドンとフォーヒエンを中心に』雄山閣，2017年
岸本美緒編『岩波講座世界歴史13 東アジア・東南アジア伝統社会の形成』岩波書店，1998年
岸本美緒『東アジアの「近世」』山川出版社，1998年
木畑洋一編『岩波講座東アジア近現代通史7 アジア諸戦争の時代 1945–1960年』岩波書店，2011年
桐山昇・栗原浩英・根本敬『東南アジアの歴史――人・物・文化の交流史』有斐閣，2003年
日下　渉『反市民の政治学――フィリピンの民主主義と道徳』法政大学出版局，2013年
工藤年博編『ポスト軍政のミャンマー――改革の実像』アジア経済研究所，2015年
倉沢愛子編『東南アジア史のなかの日本占領』早稲田大学出版部，1997年
倉沢愛子ほか編『岩波講座アジア・太平洋戦争』全9巻，岩波書店，2005〜2015年
栗原浩英『コミンテルン・システムとインドシナ共産党』東京大学出版会，2005年
黒柳米司編著『「米中対峙」時代のASEAN――共同体への深化と対外関与の拡大』明石書店，2014年
グロリエ，ベルナール・P.『西欧が見たアンコール――水利都市アンコールの繁栄と没落』(石澤良昭・中島節子訳)連合出版，1997年
後藤乾一編『岩波講座東アジア近現代通史6 アジア太平洋戦争と「大東亜共栄圏」1935–1945年』岩波書店，2011年
小林寧子『インドネシア――展開するイスラーム』名古屋大学出版会，2008年
桜井由躬雄「東南アジア前近代国家の類型的考察」石井米雄編『東南アジア世界の構造と変容』創文社，1986年
桜井由躬雄『前近代の東南アジア』放送大学教育振興会，2006年
桜井由躬雄編『岩波講座東南アジア史1 原史東南アジア世界』岩波書店，2001年
石澤良昭編『岩波講座東南アジア史2 東南アジア古代国家の成

主要参考文献

（50音順，『岩波講座東南アジア史』は桜井由躬雄の項にまとめた）

明石陽至編『日本占領下の英領マラヤ・シンガポール』岩波書店，2001年
天川直子編『カンボジア新時代』アジア経済研究所，2004年
アンダーソン，ベネディクト『定本 想像の共同体——ナショナリズムの起源と流行』（白石隆・白石さや訳）書籍工房早山，2007年
池端雪浦『フィリピン革命とカトリシズム』勁草書房，1987年
池端雪浦編『変わる東南アジア史像』山川出版社，1994年
池端雪浦編『日本占領下のフィリピン』岩波書店，1996年
池端雪浦編『東南アジア史② 島嶼部』山川出版社，1999年
石井米雄ほか監修『新版 東南アジアを知る事典』平凡社，2008年
石井米雄・桜井由躬雄編『東南アジア史① 大陸部』山川出版社，1999年
岩崎育夫『リー・クアンユー——西洋とアジアのはざまで』岩波書店，1996年
岩崎育夫『シンガポール国家の研究——「秩序と成長」の制度化・機能・アクター』風響社，2005年
岩崎育夫『物語 シンガポールの歴史——エリート開発主義国家の200年』中公新書，2013年
岩崎育夫『入門 東南アジア近現代史』講談社現代新書，2017年
遠藤　聡『ベトナム戦争を考える——戦争と平和の関係』明石書店，2005年
太田　淳『近世東南アジア世界の変容——グローバル経済とジャワ島地域社会』名古屋大学出版会，2014年
柿崎一郎『物語 タイの歴史——微笑みの国の真実』中公新書，2007年
金子芳樹『マレーシアの政治とエスニシティ——華人政治と国民統合』晃洋書房，2001年
加納啓良『東大講義 東南アジア近現代史』めこん，2012年

古田元夫

1949年，東京都生まれ．1978年，東京大学大学院社会学研究科博士課程中退．博士(学術)．東京大学教授を経て，
現在—日越大学学長，東京大学名誉教授
専攻—ベトナム地域研究
著書—『歴史としてのベトナム戦争』(大月書店)
『ベトナムの世界史』(東京大学出版会)
『ホー・チ・ミン』(岩波書店)
『ドイモイの誕生』(青木書店)
『ベトナムの基礎知識』(めこん) ほか

東南アジア史10講　岩波新書(新赤版)1883

2021年6月18日　第1刷発行
2024年5月15日　第3刷発行

著　者　古田元夫《ふるたもとお》

発行者　坂本政謙

発行所　株式会社 岩波書店
〒101-8002 東京都千代田区一ツ橋2-5-5
案内 03-5210-4000　営業部 03-5210-4111
https://www.iwanami.co.jp/

新書編集部 03-5210-4054
https://www.iwanami.co.jp/sin/

印刷・三陽社　カバー・半七印刷　製本・中永製本

ISBN 978-4-00-431883-5　Printed in Japan

岩波新書新赤版一〇〇〇点に際して

ひとつの時代が終わったと言われて久しい。だが、その先にいかなる時代を展望するのか、私たちはその輪郭すら描きえていない。二〇世紀から持ち越した課題の多くは、未だ解決の緒を見つけることのできないままであり、二一世紀が新たに招きよせた問題も少なくない。グローバル資本主義の浸透、憎悪の連鎖、暴力の応酬——世界は混沌として深い不安の只中にある。

現代社会においては変化が常態となり、速さと新しさに絶対的な価値が与えられた。消費社会の深化と情報技術の革命は、種々の境界を無くし、人々の生活やコミュニケーションの様式を根底から変容させてきた。ライフスタイルは多様化し、一面では個人の生き方をそれぞれが選びとる時代が始まっている。同時に、新たな格差が生まれ、様々な次元での亀裂や分断が深まっている。社会や歴史に対する意識が揺らぎ、普遍的な理念に対する根本的な懐疑や、現実を変えることへの無力感がひそかに根を張りつつある。そして生きることに誰もが困難を覚える時代が到来している。

しかし、日常生活のそれぞれの場で、自由と民主主義を獲得し実践することを通じて、私たち自身がそうした閉塞を乗り超え、希望の時代の幕開けを告げてゆくことは不可能ではあるまい。そのために、いま求められていること——それは、個と個の間で開かれた対話を積み重ねながら、人間らしく生きることの条件について一人ひとりが粘り強く思考することではないか。その営みの糧となるものが、教養に外ならないと私たちは考える。歴史とは何か、よく生きるとはいかなることか、世界そして人間はどこへ向かうべきなのか——こうした根源的な問いとの格闘が、文化と知の厚みを作り出し、個人と社会を支える基盤としての教養となった。まさにそのような教養への道案内こそ、岩波新書が創刊以来、追求してきたことである。

岩波新書は、日中戦争下の一九三八年一一月に赤版として創刊された。創刊の辞は、道義の精神に則らない日本の行動を憂慮し、批判的精神と良心的行動の欠如を戒めつつ、現代人の現代的教養を刊行の目的とする、と謳っている。以後、青版、黄版、新赤版と装いを改めながら、合計二五〇〇点余りを世に問うてきた。そして、いままた新赤版が一〇〇〇点を迎えたのを機に、人間の理性と良心への信頼を再確認し、それに裏打ちされた文化を培っていく決意を込めて、新しい装丁のもとに再出発したいと思う。一冊一冊から吹き出す新風が一人でも多くの読者の許に届くこと、そして希望ある時代への想像力を豊かにかき立てることを切に願う。

（二〇〇六年四月）

岩波新書より

岩波新書より

近代国家への模索 1894-1925　川島真
革命とナショナリズム 1925-1945　石川禎浩
社会主義への挑戦 1945-1971　久保亨
開発主義の時代へ 1972-2014　高原明生・前田宏子
中国の近現代史をどう見るか　西村成雄

シリーズ アメリカ合衆国史

植民地から建国へ 19世紀初頭まで　和田光弘
南北戦争の時代 19世紀　貴堂嘉之
20世紀アメリカの夢 世紀転換期から一九七〇年代　中野耕太郎
グローバル時代のアメリカ 冷戦時代から21世紀　古矢旬

シリーズ 歴史総合を学ぶ

世界史の考え方　小川幸司・成田龍一 編
歴史像を伝える　成田龍一
世界史とは何か　小川幸司